Bourse de Paris

*10 grands patrons
10 grandes histoires*

©2022. EDICO
Édition : JDH Éditions
77600 Bussy-Saint-Georges. France

Imprimé par BoD – Books on Demand, Norderstedt, Allemagne

Créations et illustrations originales : Yoann Laurent-Rouault
(Cat's Society : *yvlr2@outlook.fr*)

Réalisation et conception couverture : Cynthia Skorupa

ISBN : 978-2-38127-260-3
Dépôt légal : avril 2022

Yoann Laurent-Rouault

Jean-David Haddad

Bourse de Paris

10 grands patrons
10 grandes histoires

JDH Éditions
Les Pros de l'Éco

Bibliographie de
Yoann Laurent-Rouault
Productions 2019-2023

Yoann Laurent Rouault est le directeur littéraire et artistique de la maison d'édition JDH depuis 2019, et y est associé depuis 2021. Il y gère également 6 collections à titre personnel.

Formé aux Beaux-Arts de Rennes, *titulaire du DNAP en 1997 (ERBA) et du DNSEP avec mention en 1999 (ERBA)*, entre autres diplômés, ancien des métiers de l'enseignement de l'académie de Bretagne, de la publicité et de la communication, il est aujourd'hui un artiste visuel reconnu avec plus de 600 illustrations éditées entre 2019 et 2023, pour les maisons d'édition JDH et Memoria Books. Il a aussi réalisé plus d'une centaine de couvertures de livres pour différentes maisons et auteurs.

Yoann Laurent-Rouault est également l'auteur remarqué d'environ 70 titres parus ou à paraître depuis 2019 (romans, nouvelles, pamphlets, théâtre, dossiers documentaires historiques ou littéraires, préfaces documentées, livres illustrés, etc.).

Son activité de biographe compte 7 titres déjà parus ou à paraître d'ici à la fin 2023.

Entrepreneur, passionné des médias, il est producteur, animateur et réalisateur de web TV avec l'émission *La route des livres* diffusée principalement sur JDHTV, il est également éditorialiste et rédacteur en chef de la revue littéraire *L'Édredon* de JDH Éditions et il collabore avec différents médias et supports web et avec différents organes de presse, notamment pour le magazine *Entreprendre* (lafont-presse.fr) comme éditorialiste.

Vous pouvez le retrouver sur près de 400 articles et sur des interviews comme celles de Maryssa Rachel, écrivaine et photographe, de Bruno Cras, journaliste et chroniqueur cinéma, ou encore avec Jean-David Haddad, économiste, auteur et éditeur, entre autres interventions.

Voici ci-dessous un aperçu de ses publications les plus récentes et de quelques-unes de ses collaborations éditoriales de ces 4 dernières années.

Dossiers documentaires illustrés et préfaces ou notices de Y. Laurent-Rouault pour JDH Éditions et les éditions Memoria Books

1. **Alain. *Propos sur le bonheur.*** Préface et dossier documentaire. Collection Atemporels. JDH Éditions

2. **Allan Kardec. *Le livre des esprits.*** Préface et dossier documentaire. Collection Atemporels. JDH Éditions

3. **Alexandre Pouchkine. *La dame de Pique.*** Préface et dossier documentaire. Collection Atemporels. JDH Éditions

4. **Alphonse Allais. *L'affaire Blaireau.*** Préface et dossier documentaire. Collection Atemporels. JDH Éditions

5. **Alphonse Daudet. *La chèvre de monsieur Seguin*.** Préface, dossier documentaire et illustrations. Collection Atemporels. JDH Éditions

6. **André Gide. *L'immoraliste.*** Préface et dossier documentaire. Collection Atemporels. JDH Éditions

7. **André Gide. *Les nourritures terrestres.*** Préface et dossier documentaire. Collection Atemporels. JDH Éditions

8. **Charles Baudelaire. *Les paradis artificiels.*** Préface et dossier documentaire. Collection Atemporels. JDH Éditions

9. **Daudet. *La chèvre de monsieur Seguin.*** Dossier documentaire et 16 illustrations originales en collaboration avec Paola Cousiño de Banuelos y Quinones. Préface de Simone Wapler, journaliste.

Éditions Memoria Books. Parution 1er semestre 2023.

10. **F. Scott Fitzgerald.** *Gatsby le Magnifique.* VF (45 illustrations originales), préface et notices, à paraître 2nd semestre 2023. Memoria Books.

11. **Guillaume Apollinaire.** *Les onze mille verges.* Préface et dossier documentaire. Collection Atemporels. JDH Éditions

12. **Gustave Le Bon.** *Psychologie des foules.* Préface, dossier documentaire et 46 illustrations originales. Éditions Memoria Books.

13. **Jules Verne.** *Le tour du monde en 80 jours.* Préface, dossier documentaire et illustrations. Collection Atemporels. JDH Éditions

14. **Karl Marx.** *Le capital.* **Tome 2.** Préface, dossier documentaire, synthèse et 45 illustrations originales sur l'histoire du marxisme à travers le monde de 1897 à nos jours. Éditions Memoria Books.

15. *Le collector 1984*, d'après **George Orwell. Yoann Laurent-Rouault.** 55 illustrations originales commentées, notices et résumé du roman original. JDH Éditions

16. **Paul Éluard.** *Capitale de la douleur.* Préface, dossier documentaire et illustrations. Collection Atemporels. JDH Éditions

17. **René Guénon.** Plusieurs titres en commande. Préfaces, dossiers documentaires et illustrations, à paraître 2nd semestre 2023. Collection Atemporels. JDH Éditions

18. **Jean-Jacques Rousseau.** *Du contrat social.* Préface et dossier documentaire. Collection Atemporels. JDH Éditions

19. **F. Scott Fitzgerald.** *Gatsby le Magnifique.* Préface et dossier documentaire et illustrations originales. Collection Atemporels. JDH Éditions

20. **Victor Hugo.** *Claude Gueux.* Préface. Collection Atemporels. JDH Éditions

Histoire, économie, romans, théâtre et pamphlets de Yoann Laurent-Rouault

21. **Pierre de Coubertin, *Mémoires olympiques.*** Préface, dossier documentaire et 21 illustrations originales. Éditions Memoria Books.
22. **Zola. *J'accuse.*** Grand dossier documentaire sur l'affaire Dreyfus, bibliographie commentée, analyse historique et 25 illustrations originales. Éditions Memoria Books, à paraître 2nd semestre 2023.
23. ***Le grand livre des constitutions. La France des Révolutions.*** Préface, dossier documentaire et 30 illustrations originales, à paraître 2nd semestre 2023. Éditions Memoria Books.
24. ***La belle équipe du football français : 50 ans de légendes*, de Y. Laurent-Rouault et J.-D. Haddad**, collection Sporting Club. Écriture complète et 12 illustrations originales. Analyse économique Jean-David Haddad. JDH Éditions
25. ***Bourse de Paris : 10 grands patrons, 10 grandes histoires.* Y. Laurent-Rouault**, Les Pros de l'Éco. Écriture complète et 12 illustrations originales. Analyse économique de **Jean-David Haddad**. JDH Éditions
26. ***Le conard nu,*** roman. Collection « Magnitudes » (Pseudonyme : Arthur Saint Servan). JDH Éditions
27. ***La banquière, le vélo et le pinceau.*** Collection Nouvelles Pages (Pseudonyme : Landru). JDH Éditions
28. ***Tu n'iras pas à l'école mon fils,*** pamphlet. Collection Uppercut. JDH Éditions
29. ***La dictature sanitaire*** (collectif). Lettre ouverte, pamphlet, Collection Uppercut. JDH Éditions
30. ***Le roman en pièce,*** théâtre. Collection Drôles de Pages. JDH Éditions
31. ***Les 84 marches,*** roman d'anticipation. Collection Black Files. JDH Éditions
32. ***L'anatomie de la Marguerite.*** Recueil de textes (Pseudonyme : Arthur Saint Servan). JDH Éditions

33. *C'est quoi, les médias d'aujourd'hui ?* Pamphlet. Collection Uppercut (à paraître 2024). JDH Éditions
34. **Chrétien de Troyes**, résumé des textes, étude documentaire et 35 illustrations originales (à paraître fin 2023). Memoria Books
35. *Nana, un amour de Zola* (titre provisoire), étude documentaire, 50 illustrations originales, à paraître 2nd semestre 2023. Memoria Books

Les livres d'auteurs de JDH Éditions illustrés par Yoann Laurent-Rouault

36. *Trois siècles de pensées économiques*, de N. Piluso. 12 illustrations originales. Les Pros de l'Éco. JDH Éditions
37. *L'ombre d'Ulysse.* (Haïkus) J.-H. Chevy. 21 illustrations originales. Nouvelles Pages. JDH Éditions
38. *Mona Nova.* C. Fourrier. 11 illustrations originales. Nouvelles Pages. JDH Éditions
39. *Le grand livre illustré des cycles économiques*, Thomas Andrieu. 19 illustrations originales (à paraître). Memoria Books

Les collectifs d'auteurs, orchestrés par l'auteur, avec nouvelles originales et préfaces

40. *Nos violences conjuguées*, nouvelle « **Rue de la soif** », Les Collectifs de JDH Éditions
41. *Bouses de Mammouth.* Préface, texte « **Bouses de Mammouth** », Les Collectifs de JDH Éditions
42. *Stupeur et confinement.* Texte « **Monsieur Le** », Les Collectifs de JDH Éditions
43. *Monoparentalité, course en solitaire.* Texte « **Sacerdoce** », Les Collectifs de JDH Éditions
44. *Cadavres écrits.* Préface et nouvelle « **Sainte Anne de la miséricorde** », Black Files. JDH Éditions
45. *À l'encre de l'esprit.* Préface et nouvelle « **Le Caveau Club** », F. Files. JDH Éditions

L'adaptation d'un grand prix de littérature contemporaine par Y. Laurent-Rouault

46. *La tragédie de Fidel Castro* de **Joao Cerqueira**. Winner USA Best Book Awards & Beverly Hills Book Awards. Magnitudes. JDH Éditions

Quelques livres sur mesure et d'entreprises écrits par Y. Laurent-Rouault *(liste non exhaustive)*

47. *Immigration mon amour.* (RATP Paris) Biographie de Lamia Aamou. Collection Baraka. JDH Éditions
48. ***Biographie d'Adnan el Bakri***, chirurgien, pionnier de la E-santé. Collection Baraka (à paraître). JDH Éditions
49. ***Plongeurs-démineurs***, Guillaume Garnier. Collection Nouvelles Pages. JDH Éditions
50. ***De Bocuse à la Corrèze : itinéraire d'un enfant gourmand***, Benoit Ducher. Collection Nouvelles Pages. JDH Éditions
51. ***Biographie de Dominique Large.*** Polare Cosmetics (à paraître). JDH Éditions

Autres livres illustrés par Yoann Laurent-Rouault pour Memoria Books

52. Memoria Books. *1984,* **George Orwell**. VO (35 illustrations originales)
53. Memoria Books. *1984,* **George Orwell**. VF (35 illustrations originales)
54. Memoria Books. *The Time Machine,* **H.G. Wells**. VO (15 illustrations originales)
55. Memoria Books. *La machine à explorer le temps,* **H.G. Wells**. VF (15 illustrations originales)
56. Memoria Books. *Reminiscences of a Stock Operator,* **Edwin Lefèvre**. (25 illustrations originales)
57. Memoria Books. *Mémoires d'un spéculateur,* **Edwin Lefèvre**. VF (25 illustrations originales)

58. Memoria Books. *24 contes illustrés pour attendre Noël* (30 illustrations originales)
59. Memoria Books. *Le livre des esprits,* **Allan Kardec** (25 illustrations originales)
60. Memoria Books. *Le Capital,* **Karl Marx**. Tome 1 VO (45 illustrations originales)
61. Memoria Books. *The Great Gatsby,* **F. Scott Fitzgerald**. VO (45 illustrations originales, à paraître 2023)
62. Memoria Books. *Propos de O. L. Barenton, confiseur,* **A. Detoeuf** (38 illustrations originales)

Articles et rédactionnel

Ici, quelques articles choisis et plébiscités parmi plus de 400 publiés sur différents supports dont 271 sur la seule revue littéraire *L'Édredon* entre juin 2020 et mars 2023 (revue dont il est rédacteur en chef et le concepteur avec Jean-David Haddad). Sa thématique est vaste : communication, sociologie, économie, politique, sport, critique cinéma, histoire, histoire de l'art, philosophie, philosophie politique et philosophie des arts, life style, art culinaire, œnologie, hommage, carnet de voyage, mais aussi des satyres, des articles sur les métiers, sur l'édition, sur les médias, sur la télévision...

Quelques liens vers des articles publiés par l'auteur

➢ https://www.entreprendre.fr/Soft skills et hard skills : quelle frontière entre talents et compétences en entreprise ? »
➢ https://www.entreprendre.fr/la-france-et-lecono-mie-de-larmement-qui-veut-la-paix-prepare-la-guerre/
➢ https://www.entreprendre.fr/quest-ce-que-la-chance-de-lentrepreneur/
➢ https://www.entreprendre.fr/declaration-des-droits-de-lhomme-le-principe-de-limpot-devoye/

- https://jdheditions.fr/revues/la-redevance-permanente/
- https://jdheditions.fr/revues/barbe-grise/
- https://jdheditions.fr/revues/un-collectif-sur-lesoterisme/
- https://jdheditions.fr/revues/35658/
- https://jdheditions.fr/revues/sur-lecriture-inclusive/
- https://jdheditions.fr/revues/tout-homme-bien-portant-est-un-malade-qui-signore/
- https://jdheditions.fr/revues/32939/
- https://jdheditions.fr/revues/la-route-des-livres/
- https://jdheditions.fr/revues/francis-scott-key-fitzgerald/
- https://jdheditions.fr/revues/le-sars-cov2-accelererait-lage-biologique-france-soir-publie-un-veritable-brulot/
- https://jdheditions.fr/revues/tu-niras-pas-a-lecole-mon-fils-extraits/
- https://jdheditions.fr/revues/amour-gloire-et-beaute-par-yoann-laurent-rouault/
- https://jdheditions.fr/revues/monsieur-belmondo/
- https://jdheditions.fr/revues/surrealisme-1-2/
- https://jdheditions.fr/revues/dada-1-2/
- https://jdheditions.fr/revues/pierre-soulages/
- https://jdheditions.fr/revues/affaire-om-valenciennes/
- https://jdheditions.fr/revues/bernard/
- https://jdheditions.fr/revues/la-declaration-des-droits-de-lhomme-et-du-citoyen-4-6/
- https://jdheditions.fr/revues/la-declarations-des-droits-de-lhomme-et-du-citoyen-3-6/
- https://jdheditions.fr/revues/les-journees-anthropologiques-au-j-o-de1904/
- https://jdheditions.fr/revues/citius-altius-fortius-pierre-de-coubertin-2-3/
- https://jdheditions.fr/revues/notice-dillustrateur-sur-la-psychologie-des-foules-de-gustave-le-bon/

- https://jdheditions.fr/revues/la-chataigne-et-le-tabouret/
- https://jdheditions.fr/revues/peinture-orientaliste/
- https://jdheditions.fr/revues/politique-et-litterature/
- https://jdheditions.fr/revues/46564/
- https://jdheditions.fr/revues/zakouski-de-caviar-au-sans-plomb/
- https://jdheditions.fr/revues/hissez-haut/
- https://jdheditions.fr/revues/voter/
- https://jdheditions.fr/revues/o-garage/
- https://jdheditions.fr/revues/les-freres-couillaud/

Quelques références du travail de l'auteur à l'international et en national *(Extrait de listes)*

- https://www.barnesandnoble.com/s/yoann%20laurent%20rouault
- https://www.barnesandnoble.com/w/les-84-marches-yoann-laurent-rouault/1140557114
- https://www.republicain-lorrain.fr/culture-loisirs/2021/06/22/c-est-la-que-je-l-ai-vue-un-polar-assassin-signe-carlo-sibille-lumia
- https://www.parent-solo.fr/dossier-796-monoparentalite-course-solitaire-temoignages.html
- https://www.andlil.com/memoires-speculateur-206688.html
- https://jdheditions.fr/team/yoann-laurent-rouault/
- https://www.lecteurs.com/auteur/yoann-laurent-rouault/4583065
- https://livre.fnac.com/a17557851/Yoann-Laurent-Rouault-1984-le-collector
- https://www.amazon.fr/Yoann-Laurent-Rouault/e/B004MZB6HK%3Fref=dbs_a_mng_rwt_scns_share
- https://www.librairie-gallimard.com/liste-liv.php?base=paper&form_recherche_avancee=ok&auteurs=Yoann%20Laurent-Rouault

- ➢ https://www.amazon.fr/Livres-Yoann-Laurent-Rouault/s?rh=n%3A301061%2Cp_27%3AYoann+Laurent-Rouault
- ➢ https://www.babelio.com/livres/Laurent-Rouault-Les-84-marches/1395371
- ➢ https://www.babelio.com/livres/Laurent-Rouault-Mona-Nova/1478104
- ➢ https://nouveautes-editeurs.bnf.fr/annonces.html?id_declaration=10000000835226&titre_livre=La_Ch%C3%A8vre_de_M._Seguin_-_pr%C3%A9fac%C3%A9_et_document%C3%A9_par_Yoann_Laurent-Rouault
- ➢ https://www.furet.com/livre-pod/la-chevre-de-m-yoann-laurent-rouault-9782381272962.html
- ➢ https://www.cultura.com/p-les-paradis-artificiels-edition-2021-preface-et-biographie-par-yoann-laurent-rouault-4402331.html
- ➢ https://actualitte.com/livres/1172622/le-roman-en-piece-ou-les-petites-cuilleres-de-porcelaine-rouge
- ➢ https://www.fnac.com/a17585435/Yoann-Laurent-Rouault-Mona-Nova

Bibliographie de Jean-David Haddad

Jean-David Haddad, président-fondateur de JDH Éditions, est aussi et surtout un auteur très éclectique.

Rédacteur de plusieurs milliers d'articles pour différents médias économiques et littéraires :

— *francebourse.com* dont il est co-fondateur en rédacteur en chef depuis 2002

— *jdheditions.fr* et sa revue littéraire *L'Édredon* dont il est directeur de publications depuis sa création en avril 2020

— *lesprosdeleco.com* dont il est rédacteur en chef depuis novembre 2020

— *youtrading.com* dont il est chroniqueur depuis avril 2021

— *entreprendre.fr*, dont il est éditorialiste depuis septembre 2022

Il est aussi auteur de nombreux livres dans plusieurs domaines (économie, sujets de société, livres pratiques, livres scolaires, préfaces d'auteurs classiques) dont plusieurs best-sellers

Voici donc sa bibliographie en matière de livres :

Préfaces et postfaces d'œuvres classiques et contemporaines

— *Mémoires olympiques* de Pierre de Coubertin, Ed. Memoria Books, mai 2023

— *Max* de Franck Antunes, Magnitudes, JDH Éditions, mars 2023

— *Le Capital* Tome 1 de Karl Marx, Ed. Memoria Books, février 2023

— *Découvrez votre potentiel de trader* de Benoist Rousseau, Les Pros de l'Éco, JDH Éditions, février 2023

— *L'ecclésiaste*, texte biblique, Les Atemporels, JDH Editions, juin 2022

– La machine à explorer le temps de HG Wells, Les Atemporels, JDH Editions, avril 2022
– Perspectives pour nos petits-enfants, 1930-2030 de J. M. Keynes, Les Atemporels, JDH Éditions, février 2022
– Nous ne sommes pas le sexe faible, collectif de témoignages féminins, JDH Éditions, février 2022
– La crise du monde moderne de René Guénon, Les Atemporels, JDH Éditions, janvier 2022 – BEST SELLER
– 1984 de George Orwell, Les Atemporels, JDH Éditions, juin 2021 – BEST SELLER

Essais

– La belle équipe du football français, en co-auteur, Sporting Club, JDH Editions, octobre 2022
– Chroniques d'un économiste juste avant la crise, Nouvelles Pages, JDH Editions, juillet 2022
– Bourse de Paris : 10 grands patrons, 10 grandes histoires, en co-auteur, Les Pros de l'Eco, JDH Editions, avril 2022
– Inflation : 9 vérités pour comprendre et s'adapter, Business, JDH Editions, février 2022
– Face au monde d'après ; du COVID à 2030, s'adapter à ce qui pourrait nous attendre, Les Pros de l'Eco, juin 2020
– Ce que votre banquier ne vous dira jamais, en co-auteur, JDH Editions, janvier 2019
– Notre pouvoir d'achat est-il condamné ? JDH Editions, novembre 2018
– Comment être rentier sans quitter la France ? 1001 Réponses, janvier 2013
– La crise jusqu'à quand ? 1001 Réponses, décembre 2012

Livres didactiques et pédagogiques

– Écrire un livre à succès, Baraka, JDH Éditions, mai 2021
– Petit guide de survie face aux krachs boursiers, JDH Éditions, mars 2020

– Tout le monde peut s'enrichir en Bourse, Les Pros de l'Éco, JDH Éditions, novembre 2019

– Small caps, un atout majeur pour gagner en Bourse, JDH Éditions, novembre 2019

– Comment déjouer les pièges de la Bourse ? JDH Éditions, juin 2019

– L'économie ? Rien de plus simple ! Les Pros de l'Éco, JDH Éditions, novembre 2018 – BEST SELLER

– Le trading, les vrais leviers d'une activité qui traque les gains, Gualino Éditions, septembre 2012

– Les placements dans le vin, une goutte de plaisir dans votre patrimoine, en co-auteur, Gualino Éditions, septembre 2012

– Devenez l'homme qui bat le marché, Gualino Éditions, juillet 2011

– Le penny-stock trading, l'art de gagner beaucoup en misant peu, Gualino Éditions, janvier 2007 (2 éditions) – BEST SELLER

– Quand j'ai commencé à gagner en Bourse, personne ne m'a cru, Gualino Éditions, juin 2004 (3 éditions) – BEST SELLER

Livres scolaires

– Sciences Economiques et Sociales : L'essentiel, Bordas, septembre 2002

– Réussir sa seconde en SES, Bordas, août 2000 – BEST SELLER

Romans

– Pacifica ou l'itinéraire d'un enfant de l'an 2000, Éditions Sol'Air, décembre 2000 – BEST SELLER

Introduction

par Jean-David Haddad
Professeur Agrégé de sciences économiques et sociales, auteur, éditeur, rédacteur en chef de Francebourse.com

La France ne porte pas les grandes entreprises à vocation mondialiste dans son cœur. C'est un fait. Des histoires à la française comme celles de Disney, de McDonald's, d'Apple ou de Facebook ne seraient pas possibles, pas concevables dans l'Hexagone, car elles ne sont pas dans la culture ni dans l'ADN social de notre pays. Pourtant, un homme d'affaires comme Bernard Arnault est sur le podium des hommes les plus riches du monde. Et notre pays compte de nombreux milliardaires. Plus discrets que leurs homologues indiens, nord-américains, britanniques ou autres. Pourtant, la France compte 42 milliardaires en 2021, d'après le classement Forbes, sur 2 755 milliardaires au niveau mondial, selon la même source. Autrement dit, 1,5 % des milliardaires sont français. Alors que la France ne représente pas même 1 % de la population mondiale ! Les milliardaires sont donc malgré tout légèrement sur-représentés dans notre pays.

En France, les plus grandes et florissantes entreprises sont, en grande majorité, soit le fruit de belles histoires familiales, comme par exemple Michelin ou Bouygues, construites sur plusieurs générations, soit le fruit de mutations qui ont plus ou moins impliqué l'État et conduit leurs développements vers des sociétés tentaculaires dirigées par des technocrates issus des grandes écoles dont l'ENA.

Prenons pour exemple des enseignes comme Total, Alstom, ou encore Renault, pour ne citer qu'eux. Ces deux modèles sont majoritaires dans le paysage industriel et commercial de notre pays.

En résumé, le tissu entrepreneurial français de très haut niveau s'accommode soit du capitalisme familial, souvent fait par des jeux d'alliance et de réseaux, soit du capitalisme technocratique, voire étatique.

Peugeot et Renault, les frères ennemis, inscrits tous deux au patrimoine industriel français, en sont les parfais démonstrateurs, tout en ayant pourtant au départ les mêmes fondations.
C'est le 2 avril 1896 à Lille que les statuts de la « Société Automobile Peugeot» sont déposés au registre du commerce et des sociétés par les frères et neveux de la famille. Pour Renault, la société est fondée par les frères Louis, Marcel et Fernand Renault en 1898, sur le même principe juridique.
Aujourd'hui, la famille Peugeot dispose encore de pratiquement 8 % du capital de Stellantis et de plus de 12% des droits de vote, tandis que la famille Renault est totalement absente, et depuis très longtemps, du capital de Renault, pour cause de nationalisation pour fait de collaboration.

De nos jours, donc, dans le premier cas de figure, ces entreprises sont contrôlées, partiellement ou totalement, par une famille au niveau actionnarial (dont la part est différente d'une entreprise à l'autre), et éventuellement dirigées par un membre de cette famille. La galaxie du groupe Bolloré est le parfait exemple de ce type de fonctionnement.
Dans le deuxième cas, le pouvoir actionnarial appartient à des fonds de pension internationaux comme Blackrock (présent dans la quasi-totalité des entreprises du CAC

40), mais aussi parfois à l'État ; et l'entreprise est dirigée par un « sortant » de grandes écoles qui a su se construire un beau réseau dans les milieux d'affaires et politique. Notons cependant que l'Histoire s'est mêlée de la vie de ces entreprises à deux reprises en moins d'un siècle et sur deux conflits mondiaux avec plus de conséquences fâcheuses pour Renault que pour Peugeot.

Mais la marche de l'Histoire fait que les mutations du modèle familial vers le modèle managérial sont légion. Une guerre comme une crise peut générer ce genre de mutation. La crise de 2008, par exemple, a engendré des besoins de milliards d'euros pour moult entreprises. Donc des besoins d'augmentation de capital. Donc de dilution des titres de la famille référente. Une dilution qui peut mener à la perte du pouvoir. Peugeot qui était restée une grande entreprise familiale jusqu'aux années 2010, a été contrainte d'évoluer dans ce sens. Avec moins de 15 % des voix, la famille Peugeot n'a plus le poids d'antan. Idem pour Accor, fondée par deux amis en 1967, qui n'en possèdent désormais qu'un peu plus de 1 % chacun et qui en ont quitté le commandement depuis longtemps. Mais l'Histoire reste et demeure. Elle est écrite. Et elle mérite d'être connue.

Les fortunes fulgurantes sur la high-tech sont rarissimes, et quasi impossibles en France si l'on compare les chiffres planétaires. Pas de place pour ce qu'on nomme les licornes. Pas de place pour la folie innovatrice. Pas de place pour un Elon Musk dans ce paysage.
Ainsi, le patron de Moderna est français ! Ce Marseillais d'une cinquantaine d'années, récemment milliardaire grâce à son vaccin contre le Covid, vit, travaille et développe sa société depuis les États-Unis.
Cependant, le tissu capitalistique français de « top niveau » a encore la possibilité de s'étendre. Il n'est pas sclérosé au point d'avoir arrêté sa mue au XXe siècle. On

aimera ou pas Xavier Niel, toujours est-il que ce natif de 1967 est l'un des derniers entrants dans ce cercle très restreint des plus grands du monde de l'entreprise. Il reste aux commandes et contrôle le capital de sa société Iliad, la maison-mère de Free.

Ce monde des grands entrepreneurs, on le retrouve sur la Bourse de Paris, bien souvent dans le CAC 40. Mais pas seulement, comme nous le verrons. Il y a aussi de très belles histoires en dehors de la Bourse, même si elles sont plus rares et moins connues. Ainsi, on ne peut pas parler de nos grands patrons sans parler de la famille Leclerc qui a opté pour un modèle tout à fait à part, loin de la Bourse, ou encore d'Yves Rocher.

Ce livre est écrit par un professeur agrégé, auteur d'une trentaine d'ouvrages, éditeur et spécialiste de la Bourse de Paris depuis 2001 ; par un écrivain, directeur littéraire, biographe, ancien professeur d'art plastique et passionné d'Histoire, et complété par un historien, devenu trader.
Trois spécialistes, que nous sommes, avec des sensibilités différentes face au monde de l'entreprise, de l'économie, de la finance. Pour vous livrer avec honnêteté à la fois la part d'ombre de l'histoire de ces grands patrons, mais aussi leurs éclats, leur bienveillance parfois... dans le but de réconcilier les Français avec ces génies qui créent des millions d'emplois.
Le livre que vous avez entre les mains a pour but de permettre au public de faire connaissance avec certains de leurs grands, très grands patrons et avec leurs histoires et, par répercussion, la nôtre ! Qui oserait prétendre que l'Histoire comme le paysage français, comme le monde du travail, seraient les mêmes sans ces noms ?

Les histoires, des entreprises les plus anciennes, en particulier, sont parfois obscures, et, encore une fois, nous ne manquons pas de retracer ces périodes sombres, même si cela, aujourd'hui, n'est pas au cœur de la problématique.

Nous avons dû faire des choix, car nous ne voulions pas publier une encyclopédie qui aurait fait plus de 1 000 pages. Nous avons voulu présenter au lecteur des histoires différentes, mais ayant pour point commun un parcours entrepreneurial contemporain, qui classe la plupart des entreprises que nous allons vous présenter dans la première catégorie que nous évoquions plus haut. À savoir le capitalisme familial.
Nous ne parlerons donc pas, dans le cadre de cet ouvrage du moins (mais peut-être dans le cadre d'un prochain), d'entreprises forcément fondées à un moment donné par des hommes, mais devenues des quasi-administrations dirigées par des énarques, comme le groupe Total. Il serait pourtant intéressant de savoir pourquoi les choses ont ainsi évolué... D'où l'idée, peut-être, d'un autre livre !

Pour le moment, nous nous concentrerons sur le capitalisme familial, même si certaines de ces entreprises ont forcément évolué vers un paradigme plus managérial ces dernières années.

Alors, découvrons ces belles histoires qui font honneur à la France.

À ces hommes et ces familles qui ont donné des emplois à plusieurs millions de Français. Comme à ces Français qui y ont travaillé et sans qui cela n'aurait pas été possible.
Vous avez dit « Patrimoine » ?
10 grands patrons.
10 grandes histoires.
Nous allons vous les présenter dans l'ordre alphabétique. Le nom retenu est en général celui du fondateur,

sauf lorsqu'aujourd'hui, le nom d'enseigne a pris le pas sur le nom en question.

Dans l'ordre alphabétique, les groupes et entreprises : Accor, Arnault (LVMH), Bolloré, Bouygues, Decaux, Iliad, LVMH, Michelin, L'Oréal, Pernod-Ricard et François Pinault. Et en bonus, Leclerc et Yves Rocher.

L'angle historique sera privilégié, la belle histoire de chacune des entreprises choisies et de leurs fondateurs. Puis l'angle économique (évolution de la valeur de l'entreprise, parcours boursier, salariat, etc.) sera à l'honneur.

Et maintenant, place à ces grandes histoires françaises !

La saga Accor

Gérard Pélisson, né en 1932,
co-fondateur du groupe Accor

Paul Dubrulle, né en 1934,
co-fondateur du groupe Accor

La belle histoire

par Yoann Laurent-Rouault

L'hôtel « Accor ».

Vaste sujet et miroir temporel de notre société. La panoplie de services et d'hébergements qu'offre le groupe international aux voyageurs planétaires est complète. Du « Mercure » aux « Formule 1 » en passant par les « Ibis » (sacrés sur le Nil), aux « Sofitel » et autres palaces volubiles. Mais détaillons un peu afin de profiter, littérairement parlant, du site et de sa vue imprenable sur le monde moderne. Commençons par le « Formule 1 », l'entrée de gamme du groupe hôtelier. Il est devenu, en quelques décennies, une sorte d'église pour voyageurs autoroutiers en perdition et pour chevaliers des temps modernes de l'intérim demandant asile pour la nuit. Il fait aussi office de nid pour amoureux débutants. Si l'amour n'a pas de prix, en hiver, la chambre en a un. Et comme ça creuse, les fast-foods sont en général dans un voisinage proche...

Il y a aussi le « Mercure » et sa petite suite « privilège » pour les petites familles en déplacement et ses chambres classiques pour cadres stressés pris de réunionites aiguës et de frénésies d'entretiens. Quant aux « Sofitel », même le Fonds Monétaire International est client, tout le monde s'en souvient.

Cafétéria et distributeurs ou plateau-déjeuner cosy, paiement par carte en extérieur ou à la réception avec un personnel zélé et agréable, en centre-ville, proche d'un monument remarquable ou en périphérie, étape pressée ou vacances, le groupe répond à la demande. À toutes les demandes. On va chez « Mercure » parce qu'on sait que la literie est bonne, que l'hôtel est silencieux et que pour madame, comme pour les enfants, comme pour le travail, on s'y reposera. Et que la température ne montera pas. On va au « Sofitel » car les salons sont parfaits pour recevoir, le bar est select, ou parce qu'on veut faire rêver une dame entre deux agapes nocturnes. On va au « Swissôtel » pour faire passer la facture du nouveau cabriolet à son épouse et lui offrir les fruits de l'endettement nouveau. On s'arrête chez « Ibis » quand, armé d'un courage napoléonien à tendance russe, on affronte avec femme, enfants et animaux, les 800 kilomètres d'autoroute qui nous séparent de vacances. On pourra y brancher les consoles de jeux, chauffer le biberon, passer à la douche cette andouille de chien qui n'a rien trouvé de mieux que de se rouler dans l'herbe par temps de pluie, téléphoner à maman en lui disant qu'on arrivera bien pour midi le lendemain, et surtout essayer de dormir un peu.

Ils ont pensé à tout chez Accor, même au 5 à 7 en toute discrétion, c'est du moins ce que colporte la légende urbaine.

Ma dernière expérience « Accor » remonte à quelques semaines, à l'occasion d'une série de tournage pour notre web TV (*JDH.TV*). J'ai donc quitté la terre de mes ancêtres pour me corrompre l'âme et passer 4 jours à Bussy-Saint-Georges, en région parisienne, avec, en prime, réunion et visite au siège social au programme. Une contrainte cependant : ma petite famille qui m'accompagne. Mais, faisant fi de ces difficultés, j'ai loué une salle pour les tournages, vaillant jusqu'au bout. La bonne surprise à l'arrivée était que l'hôtel m'avait surclassé sur ma réservation pour mieux répondre à mes besoins. Le personnel était extrêmement agréable, de la réception au sympathique veilleur de nuit, en passant par le souriant garçon d'étage qui apportait sa bonne humeur matinale en même temps que le petit-déjeuner. Le minibar fut régulièrement approvisionné, le ménage fait impeccablement et la circulation dans l'hôtel aisée. La voiture était parquée dans un parking sécurisé et mes invités étaient ravis. Là, on ne peut dire que : merci Accor. Le prix s'oublie et la qualité reste, comme dirait « monsieur Pascal ».

Accor a révolutionné le monde de l'hôtellerie dans sa démarche. À une époque pas si lointaine, que les moins de trente-cinq ans ne peuvent pas connaître, dormir à l'hôtel, c'était partir à l'aventure. Une étape notable qui pouvait mettre en péril le voyage. À faire *Guide Michelin* en main. Internet n'existait pas. On ne visitait que rarement la chambre avant d'y dormir, et si l'arrivée était tardive, trouver un hôtel sans réservation préalable, c'était presque mission impossible. Les avis de consommateurs n'existaient pas et ils se résumaient souvent à l'avis du cousin du beau-frère qui était VRP dans la chaussette et qui pratiquait les routes de France et de Nevers. J'ai souvenir de petits hôtels borgnes où prendre une douche revenait à jouer au grand bleu. Où le grincement du sommier réveillait le voisin de la chambre d'à côté. Où des couples s'en donnaient à cœur joie dans de remarquables performances sportives et sonores. Où le lavabo avait une fuite et la patronne du poil aux pattes. J'ai fréquenté des 4 ou 5 étoiles à Nantes, Lyon ou Marseille, qui n'avaient rien à envier à l'hôtel de la gare de Saint-Pierre-en-Poulet-sur-Vilaine, charmante petite commune comptant 2 773 âmes dont 2 503 d'origines bovines.
Mais quelle est l'histoire de ce groupe ? Comment ont-ils réussi à créer ce phénomène ?

Présentation du groupe Accor
en quelques lignes

Je lis que c'est « *un groupe hôtelier français, qui possède, gère et franchise des hôtels, des stations touristiques et des résidences de vacances. Accor est le premier groupe hôtelier en Europe et le sixième à l'échelle mondiale.* » (Source : Wikipédia)

Le groupe dispose d'un panel de marques qui couvrent les différents segments du marché hôtelier.

Quelques exemples parmi les plus connus : pour le luxe, *Raffles, Fairmont* ou *Sofitel* ; pour le premium, nous retrouvons *Adagio Premium, MGallery, Pullman* ou *Swissôtel* ; ensuite, pour le milieu de gamme, nous trouvons les *Novotel, Mercure* et autres *Adagio* ; et enfin, pour l'économique, les *Ibis, hôtel F1* & cie.

Le groupe est présent dans plus de 100 pays avec plus de 5 000 hôtels et plus de 260 000 salariés répartis sur les cinq continents. Sa capacité totale d'accueil est de près de 800 000 chambres (début 2021).

Depuis 2016, « *Accor engage une diversification de ses actifs vers les nouveaux services hôteliers : résidences de luxe (Onefinestay), bureaux partagés (Wojo, Mamaworks), conciergerie (John Paul), restauration et évènements (Potel & Chabot, Paris Society), et offres de services informatiques (D-Edge, Gekko, VeryChic, Adoria, Astore, ResDiary)* ». (Source : Wikipédia)

Voilà pour le décor. C'est du moins ce que le web offre sur le sujet. Mais détaillons un peu l'histoire de ce groupe.

> **Le saviez-vous ?**
>
> Bernardo Trujillo, né en 1920 en Colombie, fut l'un des premiers à formaliser aux États-Unis, dès les années 1950, les principes théoriques et pratiques qui ont fait le succès de la grande distribution.

La genèse

Paul Dubrule peut être considéré comme le fondateur du premier groupe hôtelier en Europe, en Amérique latine et en Asie. On parle aujourd'hui d'une cadence d'un nouvel hôtel tous les deux jours dans le monde.

Voici le début de son histoire.

Dans les années 60, après une enfance passée majoritairement en Belgique, il achève ses études à l'université de Genève et part en Amérique pour s'inspirer du « *business à l'américaine* ». Ambitieux, curieux, intéressé par ce monde en plein essor économique et par les grands bouleversements sociaux, il attend beaucoup de ce voyage. Il y rencontre Bernardo Trujillo, pape du nouveau commerce du libre-service, ce même personnage qui inspirera Gérard Mulliez pour Auchan ou Marcel Fournier pour Carrefour. Fasciné par le « self made man », conquis par les idées et les réalisations novatrices du nouveau monde, le jeune homme apprendra beaucoup de ces pérégrinations américaines.

Quelques années après son retour en Europe, plus convaincu par l'hôtellerie que par la grande distribution, il inaugure le premier « Novotel » du genre, une structure de 60 chambres, et annonce dans la foulée son intention de créer ce qui deviendra des années plus tard le groupe Accor. L'hôtel en série est né : plan et distribution, parking et fonctionnement. C'est une nouveauté dans le genre. Rappelons que si quelques chaînes d'hôtels existaient, elles étaient justement toutes basées sur des particularismes régionaux. Souvent d'ailleurs balnéaires ou thermales.

Très vite, témoin de la consommation massive de ses contemporains dans cette prodigieuse décade que sont les années 60, il imagine sa structure d'accueil hôtelière dotée non seulement d'un parking conséquent, mais aussi d'un accès routier facile. Et pour les chambres, c'est la modernité qui s'invite à demeure : imaginez à cette époque, des chambres systématiquement dotées d'une salle de bains, de toilettes privées, d'un téléphone et même d'un téléviseur. Le succès n'est pourtant pas immédiat. Paul Dubrule confiera qu'au troisième jour d'ouverture, il n'y avait que 3 clients dans le premier hôtel Novotel ouvert en 1963 à Lille. Le succès arrivera, mais progressivement, car les familles ne sont pas immédiatement séduites par le concept et préfèrent encore les « bonnes vieilles pensions de famille » traditionnelles. Le concept « Novotel » passe presque inaperçu, sauf pour des hommes d'affaires ou les commerçants itinérants qui voient dans cette formule, proche du réseau autoroutier et éloigné des vieux centres-villes encombrés, une solution d'immédiateté.

Mais Paul Dubrule s'accroche. Il ne démord pas de l'idée que bientôt, cette formule correspondra au plus grand nombre. Il anticipe les encombrements, les problèmes de stationnement, l'individualisme des comportements et la percée de la technologie dans le quotidien. L'avenir lui donnera raison.

En duo

Si les premiers temps sont durs, il s'associe pourtant à Gérard Pélisson en 1963. L'homme est un normalien, cadre supérieur chez IBM Europe à l'époque de leur rencontre, et porté sur les nouvelles technologies. Tout comme le sieur Dubrule, il croit en cette vision d'avenir qu'est l'hôtellerie à l'américaine. Il faut préciser que lui aussi est passé par les États-Unis, notamment par le fameux « MIT ».

Le saviez-vous ?

Le Massachusetts Institute of Technology (MIT), en français Institut de technologie du Massachusetts, est un institut de recherche américain et une université, spécialisé dans les domaines de la science et de la technologie. L'établissement privé est situé à Cambridge, dans l'État du Massachusetts, à proximité immédiate de Boston, au nord-est des États-Unis. Le MIT est considéré comme l'une des meilleures universités mondiales (classée sixième mondiale par Forbes en 2021).

Les fondations

En 1967, Paul Dubrule et Gérard Pélisson fondent la SIEH (Société d'investissement et d'exploitation hôteliers). Ils appliquent justement le modèle américain d'« Holiday Inn » pour ouvrir leurs premiers « Novotel ».

En 1969, la SIEH augmente son capital et lance la construction de 4 nouveaux hôtels. Deux modèles d'exploitation sont alors offerts aux partenaires : en filiale ou en franchise.

Le contexte

Les deux hommes tiennent bon, contre vents et marées, le succès commercial est mitigé, ils passent la crise de 1968 cahin-caha, et au fait d'une bonne communication et d'acquisitions judicieuses de terrains, au début des années 70, ils réalisent l'exploit d'inaugurer leur septième hôtel. Tous construits sur le même plan. Une première en France. Les Trente Glorieuses sont dans leur dernière décennie, le choc pétrolier n'est pas loin, le terrorisme international se fait rageur, la ligne politique gouvernementale est tendancieuse, bref, le contexte, malgré l'explosion de la société de loisir, est tendu.

Le saviez-vous ?

Maire de Fontainebleau de 1992 à 2001, Paul Dubrule a été sénateur, élu de Seine-et-Marne, de 1999 à 2004.
En février 2002, à l'âge de 67 ans, il se lance pour un parcours de 15 272 kilomètres à vélo, de Fontainebleau à Angkor, pour l'inauguration d'une école hôtelière qu'il a financée (lire *Le test du cocotier*, publié en 2003, paru au Cherche Midi, et *Paris/Angkor : Itinéraire d'un défi*, illustré, « La Martinière », paru en 2007).
En 2002, il fonde à Siem Reap, près d'Angkor au Cambodge, *l'École Paul Dubrule*, qui forme chaque année plus de 300 jeunes cambodgiens aux métiers de l'hôtellerie. L'établissement est aujourd'hui l'un des plus renommés d'Asie du Sud-Est.

Business plan

Pourtant, en 1974, la marque « Ibis » lance son premier hôtel à Bordeaux. La même année, la SIEH rachète la marque Courtepaille.

En 1975, la SIEH rachète la marque « Mercure ».

En 1980, ils reprennent le groupe « Sofitel », 43 hôtels et de 2 centres de thalassothérapie, à l'époque. Puis ils prennent le contrôle de « Jacques Borel International », alors leader de la restauration collective, de la restauration de concession et leader mondial de l'émission de tickets restaurant en 1982. Dernière entreprise que vous retrouverez en caricature dans le fameux film de Claude Zidi, avec Louis de Funès et Coluche dans les rôles titres. L'histoire montre la rivalité entre la « gastronomie française traditionnelle et de qualité », défendue par Charles Duchemin, directeur du guide Duchemin (Guide Michelin), et la nourriture industrielle dont l'indigne représentant est Jacques Tricatel (caricature vivante de l'industriel Jacques Borel), interprété par Julien Guiomar. Renaud, un peu plus tôt, citera lui aussi l'entreprise dans des termes peu flatteurs. Il faut comprendre que ces entreprises étaient diabolisées par une partie de l'opinion publique.
Cependant, et une fois de plus, les deux compères devancent la demande en installant le « restauroute » dans l'hôtellerie. Mais, en compromis, et probablement par goût du « bien fait », ils chercheront à rendre à leurs produits une certaine qualité. Évidemment, même si la classe économique offre un bon compromis entre prix et qualité, un Formule 1 est à des années-lumière d'un Sofitel.

Le saviez-vous ?

En 2008, Gérard Pélisson, avec Paul Dubrule, raconte l'aventure d'Accor dans un livre, *L'Harmonie du Groupe Accor*, publié chez Transversales Éditions.

Accor

En 1983, le groupe Novotel SIEH – Jacques Borel International, change de nom et devient le groupe Accor que nous connaissons aujourd'hui. Le nom Accor est simplement choisi pour son homophonie avec le mot « accord ». Notion d'importance pour les deux pères fondateurs. En juillet 1983, c'est l'introduction en Bourse. Le groupe compte alors 440 hôtels, 1 500 restaurants et 35 000 employés dans 45 pays. On est déjà loin des débuts.

En 1985, la fameuse marque « Formule 1 » (sans aucun rapport avoué avec le sport automobile, précisons-le, année qui voit également le prodigieux Alain Prost devenir champion du monde de formule 1) met en place un nouveau concept d'hôtellerie basé sur une réduction des coûts de la construction et de la gestion et donc du tarif de la nuit pour le client. Cette formule discount connaît rapidement le succès, surtout en raison de ses emplacements, la plupart situés en périphérie des villes. Pratique et pas cher, le Formule 1 est rapidement adopté.

En juillet 1990, alors que Formule 1 a ouvert 142 motels en 5 ans en France, Accor rachète 55 % de Motel 6 aux États-Unis (63 000 chambres sur 42 États) pour la modique somme de 1,3 milliard de dollars. Cette acquisition permet au groupe de devenir le leader mondial de l'hôtellerie, avec 131 000 clés de chambres pendues au tableau au total.
En 1991, Accor reprend la Compagnie des wagons-lits qui possède les enseignes *Pullman, Altea*, et *Europcar*. La même année, Accor lance la formule économique hôtelière *Etap hôtel*, en complément.

Hôtel complet

En 1994, alors que le groupe est déficitaire pour la première fois de son histoire, la direction annonce *une politique de cession des actifs secondaires dans son développement*, ce qui concrètement se traduit par un désinvestissement massif. Accor gère alors 50 enseignes dans 10 secteurs différents. Il est question de céder quelques marques, dont pour l'exemple, et parmi d'autres, les cafés Route, les restaurants Pizza Del Arte, les restaurants d'aéroports, ou encore des bars à vin. De 1994 à 1998, le groupe cède 13 milliards de francs d'actifs.

Room service

En 1997, Accor acquiert la SPIC qui devient Accor Casinos. Le groupe lance une OPA sur 100 % de sa filiale *Accor Asia-Pacific* qui gère 125 établissements, dont la moitié sont en Australie.

En 1998, Accor inaugure sa cellule *Synergies* pour optimiser les ventes croisées entre les différentes enseignes du groupe.

En 1999, Accor rachète *Red Roof Inn* pour la bagatelle de 1,1 milliard de dollars. Le groupement hôtelier fait aussi son entrée en Grande-Bretagne en reprenant un bâtiment ancien au centre de Londres pour le transformer en Sofitel.

En décembre 1999, Accor reprend les hôtels *Demeure* et *Libertel* (49 établissements.)

En avril 2000, Accor lance le partenariat « Train+Hôtel » avec la SNCF pour permettre aux usagers de réserver une chambre dans les enseignes du groupe au moment de l'achat de leur billet de train.

Le groupe reprend également 38,5 % de la société *Go voyages*. En juillet 2000, Accor acquiert 20 % de l'enseigne hôtelière polonaise *Orbis* (55 hôtels).

En décembre 2000, Accor cède 80 % de *Courtepaille*. La même année, en Asie, Accor prend le contrôle total des sociétés hôtelières *Century International Hotels* et *Zenith Hotels International*.

En 2001, Accor lance la marque 3 étoiles *Suite Hôtel*. En janvier 2004, le groupe conclut le rapprochement entre le groupe Barrière et Accor Casinos pour créer le premier groupe européen de casinos, puis prend une participation de 28,9 % dans le *Club Méditerranée*.

À partir de l'automne 2005, les deux coprésidents fondateurs n'ont alors plus de rôle actif au sein du groupe. Le groupe engage alors *dans une nouvelle politique de restructuration autour de l'hôtellerie et des titres de service*. Plusieurs activités devenues non stratégiques sont alors cédées : le *Club Med* en 2006, *Go voyages* en 2007, et d'autres à l'international. Mais faisons une liste non exhaustive des partenariats et rachats faits durant le reste de cette décennie :
Accor lance *Adagio City Aparthotel* (en collaboration avec Pierre & Vacances) en juin 2007.
En 2009, *Accor Services* et *MasterCard Europe* concluent une alliance stratégique en créant *PrePay Solutions* qui commercialise des cartes prépayées pour les entreprises, les collectivités ou les institutions.

Le saviez-vous ?

En 2007, Accor Services rachète Kadeos et devient le leader des chèques-cadeaux en France.

Je continue ma lecture : en 2010, *Accor Services* devient *Edenred* et fait son entrée en bourse.
La même année, *Suite Hôtel* devient *Novotel Suites*.
En 2011, Accor regroupe ses marques sous la bannière d'*Ibis* : *Etap Hotel* devient *Ibis Budget* et *All Seasons* devient *Ibis Styles*. Accor poursuit ainsi son opération de désendettement et son recentrage sur ses activités d'hôtellerie propres, avec plusieurs cessions qui vont suivre dans la procession : *La Compagnie des wagons-lits* en 2010, sa participation dans le groupe *Lucien Barrière*, ainsi que le traiteur Lenôtre en 2011, et *Motel 6* en 2012, soit, à l'époque, près d'un quart de ses hôtels. En septembre 2011, Accor signe un contrat de franchise

concernant 24 hôtels avec *Jupiter Hotels*, propriétaire du réseau d'hôtels *Jarvis*, qui sont transformés très rapidement en hôtels *Mercure*.

En 2013 est annoncé un nouveau modèle économique autour des deux pôles stratégiques : *Hôtel Services*, opérateur et franchiseur, et *Hôtel Invest*, propriétaire et investisseur.

En 2014, Accor ouvre après 3 ans de travaux, en partenariat avec le groupe Bouygues, un hôtel MGallery de 124 chambres à la piscine Molitor, dans le 16e à Paris. Puis, c'est le rachat des murs de 97 hôtels en Europe à travers *Hôtel Invest* pour 900 millions d'euros.
Accor entre en alliance avec Huazhu (*China Lodging*, 2 000 hôtels !) pour accompagner sa montée en puissance en Chine, puis reprend 35 % du capital des hôtels *Mama Shelter*. Dans la foulée, Accor reprend *Fastbooking* en 2015, société française spécialisée dans les services informatiques en ligne aux hôteliers.

Le saviez-vous ?

Surnommée « le paquebot blanc », la piscine Molitor est un complexe nautique avoisinant le bois de Boulogne, entre le stade Roland-Garros et le Parc des Princes, dans le 16e arrondissement de Paris. Inaugurée en 1929, elle est célèbre pour sa décoration Art déco et quelques événements, comme la première apparition médiatique du fameux bikini, par exemple. Elle a fermé ses portes en 1989. Elle est inscrite au titre des monuments historiques le 27 mars 1990.

AccorHotels

En juin 2015, Accor devient AccorHotels. La même année, le groupe annonce le rachat pour 284 millions d'euros des murs de 29 hôtels que le groupe exploite déjà dans divers pays européens. On n'est bien que chez soi, c'est bien connu.

Ces hôtels rejoignent le patrimoine d'*Hôtel Invest*. Accor-Hotels annonce aussi l'acquisition de *FRHI* qui possède les marques *Fairmont, Raffles* et *Swissôtel*.

En décembre, *Qatar Investment Authority* devient le premier actionnaire du groupe avec 10,8 % du capital.

En 2016, AccorHotels entre au capital de la startup argentine *Oasis Collections* et rachète *Onefinestay*, puis entre au capital de *Squarebreak*, puis de *Travel Keys* en février 2017, deux startups spécialisées dans la location de résidences privées de luxe et intégrées.

AccorHotels rachète ensuite *John Paul*, leader mondial de la conciergerie, prend 30 % dans la chaîne hôtelière allemande *25hours Hotels* et annonce un projet d'accord avec *Banyan Tree* pour développer et gérer les hôtels sous enseigne à l'échelle mondiale.

En 2017, Accor reprend le traiteur *Potel & Chabot*, 50 % de *Rixos Hotels, et Very Chic*, le site de vente privée d'hôtels et appartements, puis 50 % de la marque *Orient Express* et signe un partenariat avec la SNCF pour l'occasion.

Le saviez-vous ?

AccorHotels cèdera, en 2017, 62 hôtels de l'enseigne *Formule 1* à *Adoma* pour les transformer en structures d'hébergement d'urgence pour les personnes sans-abri et les réfugiés.

Accorhotels ouvre ensuite *Mama Works*, le premier espace de coworking implanté au sein d'un hôtel *Mama Shelter*. Le groupe entre également au capital de Paris Society, société française spécialisée dans la restauration, l'évènementiel et le divertissement, ceci en 2018.

En 2018 toujours, AccorHotels devient le nouvel actionnaire de *Gekko*, une entreprise française spécialisée dans les services hôteliers en B2B. Le groupe, fidèle à sa politique, vend 55 % d'AccorInvest pour la coquette somme de 4,4 milliards d'euros et annonce la création d'un fonds d'investissement destiné à l'hôtellerie en Afrique avec le groupe qatari *Katara Hospitality*.

Puis AccorHotels acquiert la plateforme de réservation de restaurants *ResDiary* et reprend *Adoria*, plateforme de gestion spécialisée pour les professionnels de la restauration commerciale et collective. AccorHotels annonce ensuite l'acquisition de la société suisse *Mövenpick Hotels & Resorts* pour 560 millions CHF, puis une prise de participation de 50 % dans *SBE Entertainment Group* pour 319 millions de dollars, ainsi qu'un accord stratégique avec le groupe *Mantis*. Le groupe ouvre ainsi le premier espace de coworking *Nextdoor*, une co-entreprise avec *Bouygues immobilier*.

Au Chili, Accor reprend la chaîne hôtelière *Atton Hoteles*. Fin 2021, Accor et le groupe hôtelier italien *Arsenale* annoncent le lancement des trains de luxe *Orient Express La Dolce Vita*. Vous, je ne sais pas, mais moi, je suis fatigué rien que de l'écrire. Un café, l'addition et hop : la chambre « privilège » pour une petite sieste.

Conclusion

Les fondateurs du géant hôtelier sont des hommes discrets, et maintenant octogénaires. Vous pourrez retrouver le détail de leurs épopées communes et respectives seulement à travers des livres et des interviews publiées. Que dire, sinon bravo, pour ce parcours hors normes. Il est facile d'imaginer, comme pour tous les grands patrons dont nous faisons les portraits dans ce livre, à quel point l'investissement humain a dû être énorme pour arriver à un tel niveau. À leur manière, ce sont des sportifs de haut niveau qui ont en plus réussi à cumuler plusieurs vies en une, comme nous l'avons vu.

Je suis évidemment aussi client des hôtels typiques, non franchisés, mais je reconnais aussi en parallèle au groupe Accor un certain savoir-faire et un service qui ne déshonore pas l'hôtellerie française, qui est, et c'est presque inutile de le préciser, une des spécialités de notre pays qui est reconnue mondialement. Ces entreprises portent ce savoir-faire aux quatre coins du monde, en cela, même s'il y a et y aura toujours des critiques à faire, je reste admiratif.

Paul Dubrule confiait il y a quelques années dans une interview qu'il distribuait avec son frère, peu après la création de son premier Novotel, des tracts publicitaires aux feux rouges d'Arras. Il allait « au charbon », comme savaient le faire les hommes de cette génération, et nous en citons quelques-uns dans ce livre.

C'est à méditer.

En attendant : bon vent au groupe Accor comme à ses salariés et ses partenaires.

L'analyse économique
par Jean-David Haddad

Contexte économique et capitalistique

C'étaient les Trente Glorieuses, l'économie française renaissait de la guerre, la consommation de masse se développait, les gens changeaient leurs modes de vie, et, dans l'hôtellerie et la restauration, des établissements d'un nouveau genre émergeaient. La France commençait à s'inspirer des États-Unis. La culture de l'Oncle Sam s'importait en France. Le premier McDo a ouvert ses portes sur le sol hexagonal en 1972, cela fait tout juste un demi-siècle. Si longtemps et si peu de temps à la fois... La standardisation des produits, le taylorisme consumériste commençaient à changer les comportements des consommateurs poussant la porte d'un hôtel ou d'un restaurant. Au niveau hôtelier, *Holiday Inn* était le modèle de référence.

Et c'est en voulant exporter ce type de modèle que Paul Dubrule, rejoint rapidement par Gérard Pélisson, ont lancé le concept *Novotel*, piétinant au départ, mais explosant assez rapidement. La chaîne Accor était née comme cela, comme relaté plus haut. Et comme tous les empires décrits dans ce livre, celui d'Accor a été construit par croissance interne puis externe, judicieusement menées.

Les fonds ont été trouvés, le modèle a explosé et s'est exporté. Accor est une des plus belles réussites françaises contemporaines, dans la mesure où Paul Dubrule s'est inspiré d'un modèle américain, pour le franciser. Puis lui et son acolyte ont eu l'intelligence de l'exporter. Et d'en faire un groupe international. On importe le concept, on le réinvente à la française, puis on l'exporte... Judicieux. Et réussi !

Rapidement coté en Bourse, le groupe Accor a été très rarement déficitaire, a su s'adapter aux mutations du monde économique, répondre aux nouveaux challenges, se réinventer en permanence et a toujours bénéficié des faveurs des investisseurs.

Accor s'est diversifié dans les services à partir de 1983 en rachetant le concept de Tickets Restaurant, lancé en 1967. Cette entité est devenue *Accor Services* en 1988 et *Edenred* en 2010, lors d'une scission du groupe Accor, pour le plus grand bonheur de ses actionnaires...

Bourse et finances

Le groupe Accor pesait en bourse dans les 7 milliards d'euros en 2010, soit autant qu'aujourd'hui. Mais à l'époque, cela incluait *Accor Services*, devenu *Edenred* par un processus de scission et de distribution d'actions gratuites aux actionnaires. *Edenred* a effectué un parcours boursier impressionnant depuis, valant aujourd'hui plus cher qu'Accor, puisque le groupe de services aux entreprises capitalise plus de 10 milliards. Voilà en quoi les actionnaires d'Accor ont été gâtés. Une action Accor valait environ 40 € avant la scission. Aujourd'hui, elle vaut dans les 30 €, tandis que l'action Edenred vaut plus de 40 €. Ainsi, l'actionnaire d'Accor en 2010, qui a reçu gratuitement une action Edenred par action Accor détenue, se retrouve aujourd'hui (s'il n'a rien vendu) avec une action Accor à 30 € environ et une action Edenred à 40 € environ. Soit 70 €. Soit un gain de 75 %, auquel on doit ajouter les dividendes à la fois d'Accor et d'Edenred. Soit en moyenne près de 2 € par an.
Il y a 20 ans, le titre Accor valait dans les 30 € également. Donc, sur 20 ans, c'est seulement le gain réalisé grâce à la scission d'Edenred qui aura fait l'intérêt du placement pour un actionnaire. Plus les dividendes, bien entendu.

Parcours boursier et rendement

En 20 ans : 1 000 € → 1 750 €

Un particulier qui aurait placé 1 000 € sur Accor en 2001 détiendrait aujourd'hui 1 750 € ; grâce à Edenred, plus des dividendes réguliers qui viennent chaque année rémunérer ce placement.

Aussi étonnant que cela puisse paraître, comme vous venez de le constater, l'actionnaire d'Accor à 10 ans aurait fait le même gain que l'actionnaire à 20 ans (ce dernier aurait bénéficié cependant de quelques dividendes en plus).

Cela s'explique en fait par la cyclicité boursière du titre Accor. En effet, le titre est monté à près de 50 € en 2015, a baissé à 30 € en 2016, est remonté à plus de 45 € en 2018, puis a baissé avec la pandémie de 2020.

Sur le long terme, la création de valeur pour l'actionnaire est faible en définitive, surtout depuis le détachement d'Edenred, une société avec laquelle Accor n'a plus de relation capitalistique aujourd'hui.
En définitive, Accor n'apparaît pas comme un titre stable sur le long terme. C'est un titre qui monte en période de croissance et de stabilité économique, politique, financière, et qui baisse fortement lors de crises. Car ces périodes sont des périodes où les gens se déplacent moins, qu'il s'agisse de déplacements professionnels ou personnels.

Le titre a fluctué, depuis 2010, entre 18 et 48 €. En fait, plus le marché anticipe une baisse des déplacements touristiques, plus il se porte mal. Plus le marché anticipe, au contraire, des déplacements touristiques importants, plus le titre monte. Logique.

Accor apparaît donc comme une valeur cyclique, donc une valeur de trading plutôt qu'un titre à conserver sur le très long terme et à transmettre à ses enfants.
C'est en définitive une action à acheter en période de vaches maigres et à vendre en période de vaches grasses.
Il faut dire que le chiffre d'affaires est lui-même forcément cyclique, et que lorsqu'il baisse, les bénéfices s'effondrent. Cela dit, comme cela a été indiqué plus haut, les années de déficit sont rares.

ANNÉE	2011	2015	2019	2020	2021
CHIFFRE D'AFFAIRES (en milliards d'euros)	6,1	5,58	4,04	1,62	2,20
RÉSULTAT NET (en millions d'euros)	438	244	464	-1998	85

L'action Accor faisait partie du CAC 40 mais en est sortie en septembre 2020, alors que la capitalisation boursière du groupe avait fondu avec la crise sanitaire.
Si Accor était encore dans le CAC 40, le groupe serait aujourd'hui en dernière place en termes de capitalisation.
Le groupe hôtelier n'a jamais été une grande star de l'indice, de toute façon.

Pour ne pas lui faire perdre totalement son prestige, car c'est tout de même un fleuron de la vie économique française, qui s'est particulièrement bien développé à l'international, Accor fait partie du CAC 40 ESG. Il s'agit de 40 sociétés socialement et écologiquement responsables. Mais cela est totalement à l'écart de l'indice vedette de la Bourse de Paris.

Les deux fondateurs, aujourd'hui particulièrement âgés, ont quitté les commandes du groupe depuis bien longtemps, et il leur reste très peu de parts dans le capital. Ce dernier est aux mains de fonds internationaux, et plusieurs fois, Paul Dubrule a critiqué la gestion mise en place par ces fonds. Ce dernier, fondateur du concept, détenait, aux dernières nouvelles, environ 1 % du groupe, et sa fortune, pas très bien connue ni médiatisée, ne se compte pas en milliards, mais tout de même en plusieurs dizaines (ou centaines ?) de millions d'euros.

L'avis de l'expert

Géré par des fonds, le groupe Accor est loin de la start-up hôtelière qu'elle fut il y a 50 ans. C'est une des rares entreprises de ce livre à être passée dans le monde purement managérial plutôt que familial, mais cela est récent, c'est pourquoi nous avons voulu conter son histoire.

Sa force est d'être hyper diversifiée géographiquement, mais c'est un groupe très sensible à la conjoncture, qui impacte très fortement le tourisme. Accor apparaît donc comme une valeur cyclique, à acheter en période de vaches maigres et à vendre en période de vaches grasses.

La saga
Bernard Arnault

**Bernard Arnault, né en 1949,
PDG de LVMH, 3e fortune mondiale**

La belle histoire

par Yoann Laurent-Rouault

Louis Vuitton Moët Hennessy, ou comment un patron français est devenu le troisième homme le plus riche du monde derrière le fondateur d'Amazon et devant celui de Microsoft. Bernard Arnault, pour tous, c'est le président d'un groupe qui représente le luxe à la française : LVMH. C'est un des patrons essentiels du commerce mondial et un nom connu de tous.

LVMH : leader mondial de l'industrie de luxe

« *Le groupe LVMH est né en 1987 de la fusion de Moët Hennessy et de Louis Vuitton. Il est le leader mondial de l'industrie du luxe. Il réunit plus de 75 marques de prestige dans les domaines de la maroquinerie, des parfums, des vins et spiritueux ou encore de la joaillerie. Ce groupe possède plus de 5 000 magasins à travers le monde et emploie près de 106 000 collaborateurs. Il a réalisé en 2020 un chiffre d'affaires de 44,7 milliards d'euros. Le groupe est détenu à plus de 47 % par le Groupe Arnault, via la holding Christian Dior. Ses autres actionnaires sont des institutionnels étrangers (pour 26,8 %), des institutionnels français (pour 17,4 %) et des personnes physiques (pour 5,1 %).* » (Source : <u>Infinance.fr</u>)

Le groupe LVMH a maintenant un peu plus de 34 ans. L'entreprise Moët Hennessy était elle-même issue de la fusion, en 1971, entre le producteur de champagne Moët et Chandon et le fabricant de cognac Hennessy. Deux entreprises d'importance dans le domaine, nous le verrons dans l'histoire de la saga Pernod-Ricard.

Louis Vuitton, quant à elle, est une maison française de maroquinerie de luxe fondée en 1854 par Louis Vuitton (1821-1892), dont l'œuvre est poursuivie par ses descendants, dans la tradition. Aujourd'hui, ce groupe est un leader mondial de l'industrie du luxe, grâce à l'acquisition de marques prestigieuses, dont certaines sont plusieurs fois centenaires ; citons le Château d'Yquem (1593), Moët & Chandon (1743), Hennessy (1765), Louis Vuitton (1854), Krug (1843), Whisky Glenmorangie (1843).

Ce groupe tel que nous le connaissons aujourd'hui est donc l'héritier de la longue histoire de l'aventure des marques et des savoir-faire traditionnels reconnus, comme d'un prestige lié non seulement aux arts de vivre, mais aussi à l'idée du luxe, de l'aristocratie des genres et de la renommée internationale. Réservé à une clientèle élitiste mondiale. Le groupe a aussi étendu son rayonnement international grâce à des maisons de couture, parfums et cosmétiques de création plus récente, mais tout aussi célèbres : Guerlain (1829), Christian Dior (1947), Givenchy (1951).
Soit les maisons de haute couture les plus prestigieuses au monde, ambassadrices du chic et de l'élégance française, de cette fameuse « french touch » créative, que le monde entier nous envie, paraît-il...
En 1999, le groupe LVMH a fait l'acquisition de la marque d'horlogerie suisse TAG Heuer, et en 2008 de la firme horlogère Hublot, en complément à sa démarche.
Les activités de LVMH se répartissent en principal dans cinq secteurs :
   – Mode et Maroquinerie (Louis Vuitton, Kenzo, Céline) : 37 % du chiffre d'affaires ;
   – Distribution sélective (réseau Sephora, magasin Le Bon Marché) : 28 % du chiffre d'affaires ;
   – Vins et Spiritueux (champagnes, vins, cognacs, whiskys) : 16 % du chiffre d'affaires ;

– Parfums et Cosmétiques (Dior, Guerlain) : 14 % du chiffre d'affaires ;
– Montres et Joaillerie (Tag Heuer, Chaumet, Zenith) : 5 % du chiffre d'affaires.

Maintenant que le décor est planté, penchons-nous sur le président du groupe, Bernard Arnault.

L'âge du capitaine

Tout a été écrit ou presque sur Bernard Arnault, aussi nous allons commencer par une brève biographie sans surprise, mais vous permettant de connaître, pour ceux qui les ignorent, les renseignements utiles. Il est né le 5 mars 1949, dans le nord de la France, plus précisément à Roubaix. Il est le descendant d'une lignée de militaires, d'entrepreneurs et de centraliens. Homme érudit, ayant reçu une bonne éducation, pianiste, sportif, il intègrera l'École des mines, puis Polytechnique en 1969. Diplômé en 1971, il rejoint l'entreprise familiale de travaux publics Ferret-Savinel. En 1973, Bernard Arnault épouse en premières noces Anne Dewarin, dont il a deux enfants : Delphine, née en 1975, administratrice du groupe depuis 2004, et Antoine, né en 1977, directeur général de Berluti.
Il divorce en 1990 et se remarie en 1991 avec la pianiste canadienne Hélène Mercier, dont il a trois fils : Alexandre, né en 1992, directeur général de Rimowa, Frédéric, né en 1995, président-directeur général de la marque d'horlogerie Tag Heuer, et Jean, né en 1998.
Depuis 2010, Bernard Arnault est le beau-père de Xavier Niel, fondateur et vice-président du groupe Iliad, que nous retrouverons plus tard, marié à sa fille Delphine.

Business is business

En 1971, Bernard Arnault, qui a donc intégré l'entreprise familiale de BTP, convainc son père de vendre les activités de bâtiments et de travaux publics pour générer les fonds nécessaires pour un investissement important, et donc de se reconvertir dans la promotion immobilière, déjà en plein essor à cette époque. Sous le nom commercial de Férinel, la nouvelle société qu'il ne pilote pas encore tout à fait se spécialise dans les appartements de tourisme avec ce slogan : « Férinel, propriétaire à la mer ». Les années 70 voient les Français investir massivement dans des résidences secondaires ou des résidences hôtelières. Nommé directeur de la construction en 1974, il en devient le directeur général en 1977 avant de succéder à son père à la tête de la société en 1978. Les affaires vont bon train, mais en 1981, en réaction à l'élection de Mitterrand, dont il redoute le programme économique socialiste, comme beaucoup de Français dans une situation financière similaire, il s'expatrie outre-Atlantique et fonde Férinel Inc aux USA.

L'entreprise est rachetée en 1995, à la fin des années Mitterrand, par la compagnie générale des eaux et renommée Nexity.

Le saviez-vous ?

Nexity est aujourd'hui la première plateforme de services à l'immobilier avec un maillage national de 228 implantations. Avec l'activité de Services immobiliers aux particuliers, elle se positionne comme l'un des leaders de l'administration de biens en France.

Bernard Arnault revient en France en 1984 après avoir réalisé un projet immobilier, The Princess, en front de mer, à Palm Beach en Floride (plus ou moins abouti, selon les sources) et il investit 90 millions de francs, soit l'essentiel de la fortune familiale, dans le rachat de la société fiduciaire et financière Agache Willot, avec l'appui de la banque Lazard. Il en devient le PDG et prend ainsi les rênes du groupe Boussac, également propriétaire de Christian Dior, des grands magasins Le Bon Marché, de l'enseigne de distribution Conforama et du fabricant

Peaudouce. Le groupe Boussac, comme d'autres, avait profité de subventions importantes de l'État, car depuis une dizaine d'années, le secteur faisait face, comme l'ensemble de la filière textile européenne, à de grandes difficultés économiques. Les gouvernements français successifs, souhaitant trouver une solution à cette impasse et connaissant l'importance des enjeux en termes d'emploi, avaient accordé près d'un milliard de francs d'aides et subventions entre 1982 et 1985 au groupe Boussac. Preuve que les craintes de Bernard Arnault concernant le socialisme n'étaient pas entièrement raisonnables. Le danger venait de l'Europe, non de l'État français, épinglé sévèrement par l'Union européenne et accusé d'avoir avec ces aides truqué le marché et affligé la concurrence. Le groupe en sortira pénalisé à hauteur de plusieurs centaines de millions de francs et devra également rembourser les aides reçues avant le rachat. Ce qui deviendra « L'affaire Boussac » dans les médias connaîtra quelques retentissements par la suite.

Bernard Arnault restructure les activités du groupe, non sans quelques difficultés. Le « textile » est revendu au Groupe Prouvost et Conforama à son rival Pineau Printemps La Redoute. Bernard Arnault prend le contrôle du groupe Boussac qui est estimé en 1987 à 8 milliards en bourse, ce qui en fait un des hommes les plus riches de France et lui permet de s'attaquer au projet LVMH. À la suite du krach d'octobre 1987, Bernard Arnault fait aussi l'acquisition d'actions LVMH, avec un investissement personnel de 40 millions de francs. Il parvient à prendre le contrôle du tout nouveau groupe de luxe issu de la fusion le 3 juin 1987 de deux groupes français : Moët Hennessy (Champagne Moët & Chandon, Champagne Ruinart, Champagne Mercier, Champagne Canard-Duchêne, cognac Hennessy) d'une part, et Louis Vuitton (Louis Vuitton Malletier, Givenchy, Champagne Veuve Clicquot Ponsardin) d'autre part. L'année suivante, en

1988, le groupe est à la recherche d'investisseurs. Le PDG de Louis Vuitton, Henry Racamier, et les actionnaires demandent à Bernard Arnault de prendre une participation plus importante dans la société. Avec plus de 25 % des actions, Bernard Arnault devient un des actionnaires principaux du groupe.

Bernard Arnault est PDG de Dior depuis 1985 et il réunit, en 1989, les parfums et la couture au sein de la holding Christian Dior SA. Cette holding a pour filiale Christian Dior Couture, et LVMH qui possède la marque Parfums Christian Dior, anciennement propriété de Moët Hennessy. Marque qui sera à l'origine des succès commerciaux internationaux du domaine que l'on connaît aujourd'hui, égéries et star-système compris.

Le saviez-vous ?

Le Groupe Marie Claire est le holding d'un groupe de presse magazine français qui est détenu par la famille Prouvost (holding Évelyne Prouvost). La société est née en 1976, à la suite de la disparition du groupe de presse Prouvost, créé par l'industriel et homme politique Jean Prouvost. En France, le groupe Marie Claire édite notamment les magazines féminins *Marie Claire* et *Cosmopolitan*.

LVMH, la stratégie de contrôle

En cette année 1988, la direction du groupe connaît des difficultés : la mésentente entre les familles d'actionnaires et les familles « historiques » se stigmatisent par les deux coprésidents issus de la fusion (Henry Racamier pour Vuitton et Alain Chevalier pour les vins et spiritueux). Les deux hommes divergent quant aux choix stratégiques du groupe, paralysant ainsi le développement de LVMH. Alain Chevalier souhaitait revendre les activités vins et spiritueux à d'autres groupes, tandis qu'Henry Racamier, devenu minoritaire dans le nouveau groupe, voulait retrouver l'indépendance de Louis

Vuitton. Bernard Arnault considère que le groupe ne doit pas être morcelé et doit retrouver une direction unique. Il profite des divergences d'opinions entre les deux groupes d'influences et se pose tout autant en arbitre que comme le pivot du groupe ; pour ce faire, en fin stratège, il n'hésite pas à passer des alliances successives avec les deux clans.

Pour prendre le contrôle définitif du groupe, puisque c'est son objectif depuis le début, comme à chaque nouvelle acquisition ou transformation, Bernard Arnault lance une OPA financière et stratégique digne des séries américaines *Dallas* ou *Dynastie* qui, à la même époque, rencontrent un large succès d'audience en France. Profitant de la pagaille boursière et actionnariale, boursière à cause de la crise de 1987 et actionnariale à cause des divergences entre actionnaires et membres du conseil d'administration, il devient, en juillet 1988, premier actionnaire de LVMH et actionnaire majoritaire le 6 janvier 1989, avec l'aide de la banque Lazard (partenaire habituel) et du Crédit lyonnais (encore épargné). La peur de l'effondrement d'un système, du recul des investisseurs potentiels et de l'écroulement du marché propre au groupe jouent aussi en sa faveur. Luxe et crise ne faisant pas toujours bon ménage…
Le 13 janvier 1989, Bernard Arnault est élu président du directoire de LVMH à l'unanimité. Henry Racamier cherche par tous les moyens à annuler l'OPA de Bernard Arnault, mais le 16 mai 1989, la Commission des opérations de bourse considère qu'aucune irrégularité n'a été commise. L'OPA est validée et la charge de Bernard Arnault à la tête du groupe est bel et bien confirmée. La structure financière du groupe LVMH fait de lui un manager actionnaire. Il dirige opérationnellement le groupe tout en étant son actionnaire de contrôle. Ce qui, en d'autres termes, est une réussite totale.

Bernard Arnault, une fois à la tête du groupe, mène un plan de développement qui permet à LVMH de devenir le leader mondial de son domaine. En un peu plus de dix ans, la valeur du groupe est multipliée par 15, tandis que le chiffre d'affaires et bénéfice progressent de 500 %. Voici les deux règles de gouvernances qu'il énonce :

– Favoriser la décentralisation des prises de décision concernant les marques du groupe. Il considère que la gestion de marques de luxe ne peut fonctionner que dans le cadre d'une organisation décentralisée. Chaque entreprise fonctionne donc indépendamment des autres.

– Acquérir les marques challengers ou émergentes. Les marques les plus solides du groupe permettent de financer celles qui sont en croissance. Cette stratégie permet de renforcer et développer le groupe.

Le saviez-vous ?

Le lundi noir. Le krach d'octobre 1987 est dû à une vive remontée des taux d'intérêt à long terme, avec pour point « fatal » le 19 octobre 1987, jour où l'indice Dow Jones de la Bourse de New York, sous la pression de cette remontée des taux, perdit 22,6 %. Soit la seconde plus importante baisse jamais enregistrée à cette époque en un jour sur un marché d'actions. L'expression « lundi noir », traduction de l'anglais *Black Monday*, parfois utilisée pour désigner le 19 octobre 1987, constitue une référence indirecte au *Black Thursday*, ou jeudi noir, du 24 octobre 1929, première journée du long krach de 1929 de la Bourse de New York, qui fit entrer les États-Unis dans la Grande Dépression.

Les Trente Glorieuses de LVMH, 1990-2020

En 1993, LVMH rachète Berluti, Kenzo et le quotidien économique *La Tribune* (revendu en 2007 au profit du rachat de « *Les échos* »).

En 1994, LVMH rachète la maison de parfum Guerlain.

En 1996, rachats de Loewe, puis Marc Jacobs et Sephora.

En 1996, le groupe de Bernard Arnault acquiert 38 % du capital de Château d'Yquem, grand cru classé de Sauternes, dans le vignoble bordelais. En 1998, il en devient majoritaire avec 64 % des actions.

En 1999, rachats de Thomas Pink et Make Up For Ever. Durant les années 1990 sont rachetées 21 % des parts de Guinness.

En 2000, rachats d'Emilio Pucci et Fendi.

En 2001, rachats de DKNY et de La Samaritaine.

Entre 1998 et 2001, LVMH s'intéresse à la nouvelle économie et investit dans boo.com, Liberty Surf et Zebank au travers de sa holding spécialisée Europ@web (qui seront rapidement revendues en raison des grands bouleversements liés au 11 septembre 2001, entre autres).

Bernard Arnault investira également dans Betfair et Netflix.

Le 8 décembre 1999, la tour LVMH est inaugurée en présence de Hillary Clinton à New York.

En 2001, un accord est conclu avec François Pinault dans la bataille pour la maison de couture Gucci, avec la vente des 20 % de titres Gucci détenus par LVMH pour 2,13 milliards d'euros.

Le Groupe Arnault entre dans le capital de Carrefour en mars 2007.

En 2008, c'est le rachat du constructeur britannique Princess Yachts.

En 2012, le Groupe acquiert Bulgari, puis Loro Piana en 2013.

En 2013, le jury des BFM Awards a décerné le prix du Manager BFM 2013, meilleur manager français de l'année, à Bernard Arnault.

En 2015, l'étude bisannuelle du cabinet VcomV positionne Bernard Arnault à la 9e place de son classement des patrons du CAC 40.

En 2016, la Harvard Business Review classe Bernard Arnault à la 7e place dans son classement général des patrons les plus performants au monde et à la première place en France.

En 2017, la Harvard Business Review le classe 5e dans le classement général des patrons les plus performants au monde.

En 2017, Bernard Arnault finalise l'acquisition de la société Christian Dior Couture, filiale à 100 % de la holding Christian Dior SA.

En 2019, Bernard Arnault est avec le président américain Donald Trump pour l'inauguration d'un atelier de production Vuitton au Texas.

En 2020, il remporte le prix de Manager de la décennie des BFM Awards 2020.

En janvier 2021, le groupe rachète le joaillier Tiffany.

En février 2021, Bernard Arnault lance un SPAC, appelé Pegasus, et destiné à réaliser des acquisitions dans le secteur des services financiers.

« Casse-toi riche con ! »

Nombreuses sont les personnalités françaises qui s'expatrient à l'étranger. Souvent pour des raisons plus fiscales que gastronomiques ou météorologiques, il faut bien le reconnaître. Mais parfois aussi par convictions et par goûts ou par réactivité politique ou sociale.

Et en général, qu'il s'agisse d'un grand patron, d'une star du grand écran, d'un chanteur ou d'un sportif, la presse n'est pas tendre avec les « déserteurs ». Les Français aiment détester leurs grands capitaines d'industrie, comme les grands capitaines d'industrie aiment les détester. C'est un jeu admis. Bernard Arnault n'échappe pas à la règle, malgré ses nombreux mécénats sportifs ou culturels.

Pour Gérard Depardieu et son exil, célébrité française à retentissement mondial, lui aussi, *Charlie Hebdo* avait titré : « La Belgique peut-elle recevoir tout le cholestérol du monde ? » Ceci au tout début de ses aventures fiscales et de sa fuite à la Victor Hugo, qui le conduiront au final à prendre régulièrement l'apéritif avec Vladimir Poutine au Kremlin. Comme quoi, si l'on sait ce que l'on quitte, on ne sait pas forcément ce que l'on retrouve…

Un Français de renom qui s'expatrie et claque la porte derrière lui, c'est perçu par l'opinion publique comme une gifle donnée au pays, et donc aux Français. Et si, curieusement, les Français ont une mémoire politique assez restreinte, pour ne pas dire désastreuse, pour ces « stars » qui désertent, pour ceux qui portent un flambeau symbolique et quasi olympique de la réussite française, en revanche, ils se souviennent. Pour Bernard Arnault, en janvier 2013, il est révélé que la quasi-totalité des actifs du Groupe Arnault et du Groupe familial Arnault sont transférés en Belgique. À la suite de la parution du numéro de *Libération* révélant « l'affaire », dont je reprends le titre en tête de ce chapitre, « Casse-toi riche con ! », les différentes sociétés dépendant du groupe LVMH retirèrent leurs publicités prévues jusqu'à la fin de l'année dans le même journal, entraînant un manque à gagner considérable pour le quotidien et une faillite annoncée s'ils ne trouvaient pas un moyen de compenser les pertes très rapidement.

Seulement, ce titre, « casse-toi riche con ! », fait aussi référence à une réplique du précédent président de la République, comme vous le savez tous, Nicolas Sarkozy, l'homme à la Rolex, qui avait asséné cette réplique douteuse, bien éloignée de celles d'un latiniste distingué, à un quidam, qui avait refusé de lui serrer la main en 2008 au Salon de l'agriculture et l'avait vilipendé. Aussi, *Libération* faisait un amalgame heureux entre cette réplique présidentielle devenue culte et la situation de Bernard Arnault.

En avril 2013, alors que la polémique enfle, dans un entretien au *Monde* (appartenant à son gendre Xavier

Niel), Bernard Arnault annonce qu'il retire sa demande de nationalité belge et réaffirme « son attachement à la France ». Il ajoute « qu'il aurait dans tous les cas continué de résider en France et n'a pas souhaité échapper à l'impôt ». Mais en avril 2014, des journalistes de France 2 retrouvent des documents montrant que le milliardaire avait rempli une déclaration fiscale belge en 2012 et qu'il avait commencé à y payer ses impôts avant de revenir en arrière, sous la pression médiatique et probablement aussi celle des actionnaires de LVMH qui devinaient que tout ceci pourrait, à terme, nuire à la marque. Et pour cause : en 2016, alors que LVMH fait de l'origine française de ses produits un argument commercial incontournable et ultra médiatisé, le documentaire *Merci Patron !* de François Ruffin révèle que de très nombreux produits vendus et produits par le groupe sont fabriqués en Pologne, à Madagascar ou en Asie, pendant que les usines françaises, comme pour Michelin (cf. la saga Michelin), ferment et laissent sur le carreau de très nombreux employés. Face à la controverse, Bernard Arnault fait pression sur les médias dépendant de son groupe pour étouffer l'affaire, ce qui provoque l'indignation des journalistes et d'une presse qui, à cette époque, disposait encore d'un peu de latitude pour faire son métier correctement. Bernard Arnault dénonce alors « des attaques venues d'observateurs d'extrême gauche » et soutient, mettant en avant des créations d'emplois, « que le groupe est un contre-exemple pour des organisations politiques qui cherchent à le critiquer ». Comme quoi, le fantôme de Mitterrand le rattrapera finalement, non pas en 1981, mais sous le mandat Hollande en 2013.

Le luxe à la française...

Le concept de luxe à la française fut initié par Louis XIV à l'occasion de la création des grandes manufactures. 1665 est l'année de la fondation de la Manufacture royale des glaces de miroirs (qui deviendra ensuite la Compagnie de Saint-Gobain). Louis XIV, aidé par ses ministres, comme Colbert, construisit un véritable éco-système, à la fois social et économique, en centralisant tout autour de sa personne et autour de la Cour à Versailles. « *Il crée ainsi une unité de lieu, permettant la concentration des richesses comme des meilleurs talents artisanaux, au service du désir de paraître et du pouvoir.* » (Source : <u>vie-publique.fr</u>) Versailles restant la référence absolue, dans sa démesure comme dans sa façon. Le luxe français a traversé les âges et il fait toujours rêver. Il s'est imposé comme une véritable référence du domaine à travers le monde. Et il reste sensuellement lié à la femme française. Nos actrices et artistes portent le flambeau.

Le bon goût, le charme français… qui commence par un café crème et croissant au Flore, qui se poursuit par un verre de vin au Fouquet's et se termine avec une bouteille de champagne au Lido. Après avoir dévalisé les boutiques des Champs-Élysées et être passé place Vendôme, bien évidemment, pour acheter quelques carats. C'est aussi l'art de vivre qui compte dans la facture. De la petite robe noire aux parfums les plus chics, aux vins les plus rares. La mode, l'art, la littérature, les personnages de renom, l'histoire contemporaine en est marquée. Et quoi qu'on en dise, cela fait rêver.

Quand on dit « luxe », produits de luxe, les gens qui ont mon portefeuille pensent anniversaires et fêtes de familles, cadeaux de rupture comme de fiançailles, de mariages et de baptêmes. Bref, le luxe, c'est plutôt pour les grandes occasions. Non pour le quotidien. Le grand vin du dimanche, le cigare cubain du samedi soir, le parfum des grands soirs, etc. Bijoux, vêtements, vins, alcools, gastronomie, parfums… vaste choix de présents pouvant inquiéter n'importe quel conseiller bancaire et faire découper au plasma la carte bleue de l'acheteur. D'autant que depuis quelques années, un autre type de produit s'est invité au bal : le produit de haute technologie. Là non plus, les marques ne manquent pas. Et là aussi, on peut parler de luxe. Et de dépenses inconsidérées.

Mais, pour faire plaisir à madame, un accessoire de chez Dior, une montre suisse pour monsieur, un parfum pour mademoiselle… « Être à la fois le produit ordinaire de gens extraordinaires, et le produit extraordinaire de gens ordinaires. » C'est ce que préconisait Vuitton. LVMH représente ce qui coûte cher, ce que les nantis peuvent s'offrir sans sourciller et des achats irraisonnés pour les autres. Comment donc, alors que jusqu'à preuve du contraire, il y a plus de gens pauvres que de gens riches sur cette planète, ces marques sont-elles si célèbres et leurs chiffres d'affaires si conséquents ?

LVMH a compris que la stratégie compte tout autant que la qualité du produit. Ainsi, en procédant à l'acquisition de marques nouvelles qui se font repérer par les tenants du goût et de la mode, ils peuvent pratiquer une politique d'accessibilité plus large, tout en les propulsant vers les sommets. De même que des chaînes de magasins comme Sephora permettent de vendre également une entrée de gamme tout en poussant le consommateur vers le haut de gamme. Et ainsi de suite. Dans sa stratégie, que nous avons lue plus tôt, Bernard Arnault révèle ceci : « Acquérir les marques challengers ou émergentes. Les marques les plus solides du groupe permettent de financer celles qui sont en croissance. Cette stratégie permet de renforcer et développer le groupe. » Et donc, à terme, de faire monter les produits en gamme. A-t-on besoin de tout ceci, de paraître et de crâner, de briller de mille feux et de sentir si bon que les abeilles nous évitent ? La réponse est très certainement « oui », quand on voit le chiffre d'affaires de ces marques. Mais comme on dit, le prix s'oublie et la qualité reste. Et puis, on ne vit qu'une fois, n'est-ce pas ?

L'analyse économique
par Jean-David Haddad

Contexte économique et capitalistique

C'est lorsque j'étais étudiant sur les bancs séculaires de la Sorbonne, quelque part au milieu des années 90, que j'entendis pour la première fois parler de Bernard Arnault. Un professeur de finances nous fit un cours, une démonstration, très intrigante, sur l'empire qu'avait déjà monté celui qui était alors quadragénaire. Mais qui était ce Bernard Arnault ? Inconnu du grand public, alors qu'à cette époque, un autre Bernard, dont le nom de famille commence par un T, faisait la une de l'actualité, représentant pour beaucoup de jeunes un modèle de réussite, tout en donnant une image sulfureuse de cette même réussite. Mais la démonstration de mon professeur me montra que les deux hommes n'avaient que le prénom en commun. Tandis que l'un achetait pour revendre en dépeçant sous les feux des projecteurs, l'autre, tapi dans l'ombre des grands médias, achetait pour bâtir, pour amalgamer, pour rechercher des synergies, tout en profitant du levier permis par le crédit.

Loin des tumultes médiatiques, loin du monde politique, Bernard Arnault, le patron bâtisseur, avait déjà réussi le pari de sa vie, que les années suivantes lui ont permis de consolider.

Il avait déjà pris le contrôle de LVMH, dont on peut dire aujourd'hui que c'est SA société.

Il en détient en effet plus de 47 %, ce qui, à ce niveau-là, est tout simplement énorme. C'est cette immense participation qui le classe régulièrement dans le Top 5 des hommes les plus riches du monde, un classement qui varie en fonction des cours de bourse, comme nous le verrons plus bas. La France peut être fière que l'un de ses citoyens figure ainsi dans le haut du palmarès mondial. En tous cas, personnellement, en tant que Français, j'avoue en être fier. D'autant plus que LVMH représente la « french touch », l'art de vivre à la française, dont le seul nom évoque l'avenue Montaigne, le champagne, et tout ce qu'il reste encore à la France pour faire rêver les voyageurs venus d'Asie ou d'Outre-Atlantique.

En effet, LVMH est aujourd'hui, tout simplement, le leader mondial des produits et services de luxe. Il reste cela à la France. Merci, Monsieur Arnault. Merci pour la France, du moins. Si je peux me le permettre.

Citons quelques marques détenues et exploitées par le groupe : Louis Vuitton, Kenzo, Celine, Fendi, Marc Jacobs, Givenchy, Moët & Chandon, Mercier, Veuve Clicquot Ponsardin, Dom Pérignon, Château d'Yquem, Christian Dior, Guerlain, Loewe, Kenzo, Bulgari, TAG Heuer, Zenith, Hublot, Chaumet, Fred, etc.

Évocatrices, n'est-ce pas ?

La force du groupe consiste aussi à détenir et donc pouvoir contrôler les circuits de distribution de ces marques, puisque la distribution est assurée à travers plus de 5 000 magasins dans le monde, dont certains noms connus comme Le Bon Marché ou Sephora. Évidemment, LVMH n'a pas l'exclusivité de sa propre distribution et d'autres enseignes distribuent les produits du groupe.
La distribution représente tout de même 22 % du chiffre d'affaires, ce qui montre à la fois son importance dans le périmètre de LVMH et la possibilité pour la direction du groupe d'avoir très vite les remontées du terrain concernant les réactions des consommateurs, donnant ainsi

une capacité de réaction très rapide face aux campagnes de publicité, au marketing, au packaging, etc.

L'autre force du groupe réside en un modèle décentralisé avec une autonomie managériale de chaque «maison». Ainsi, bien qu'intégrée au groupe, chaque entité garde sa propre culture et ne se voit pas dissoute dans un tout informe et uniformisant. Si l'on devait comparer LVMH à un pays, je dirais que ce serait clairement un État fédéral respectueux des cultures et traditions, et non uniformisant.

La qualité du management fait que le groupe LVMH est en position de force sur ses marchés, sans avoir besoin de « forcer » et de se mettre en situation d'abus de position dominante. D'ailleurs, le Comité exécutif du Groupe LVMH a publié une Charte de conformité au droit de la concurrence, envoyée à toutes les sociétés du Groupe, et demandant à chacune d'elles de sensibiliser ses équipes opérationnelles aux règles du droit de la concurrence. Pour un groupe de cette ampleur, on voit peu LVMH dans les salles d'audience des tribunaux, et cela aussi reflète la qualité du management.

C'est cette qualité, ainsi que la part de rêve véhiculée par les activités du groupe, qui sont très internationales (la France ne représente que 7 % du chiffre d'affaires), que la Bourse adule, comme nous allons à présent le découvrir.

Bourse et finances

Le groupe LVMH grossit d'année en année, à la fois par croissance interne et externe. Récemment, tout le groupe hôtelier Belmond, disposant d'une quarantaine d'hôtels de prestige comme le Cipriani à Venise, le Copacabana Palace à Rio de Janeiro ou encore le Grand Hôtel Europe à Saint-Pétersbourg, a été acheté et intégré au groupe. Cotée en Bourse, et faisant partie du CAC 40, LVMH est une société très bien considérée du marché. L'aura de

Bernard Arnault dans les milieux d'affaires, dans les milieux financiers, y est pour quelque chose, tout comme le portefeuille prestigieux de marques détenu par le groupe. Mais les chiffres, de plus en plus solides d'année en année, y sont aussi pour quelque chose. Et pas qu'un peu !

Ils parlent d'eux-mêmes...

ANNÉE	2005	2009	2013	2018	2021
CHIFFRE D'AFFAIRES (en milliards d'euros)	13,9	17	29,15	46,8	64,2
RÉSULTAT NET (en milliards d'euros)	1,44	1,7	3,4	6,3	12

Ce qui est extraordinaire, c'est que depuis plus d'une dizaine d'années, le résultat net double tous les 4 ans en moyenne...

Il suit le chiffre d'affaires, mais croît même plus vite, ce qui fait augmenter la marge nette. Celle-ci était de 10,3 % en 2005 et de 18,7 % en 2021. Il faut dire que les produits fabriqués par LVMH sont à forte marge en raison de l'effet de marque. Le modèle de croissance de la marge nette va néanmoins être confronté à des limites... Une marge nette de 40 % ou 50 % n'est pas envisageable. Mais la croissance du chiffre d'affaires est désormais liée à la démographie d'une part (plus il y a de monde sur terre, plus il y a d'acheteurs potentiels de ces produits), et à la part de « riches » et de personnes « aisées » dans le monde. Or, ce taux a tendance à augmenter d'année en année. La part des 1 % les plus riches dans le monde ne fait que croître, tout comme celle des 10 % les plus riches... Les inégalités se creusent aux États-Unis et en Chine, qui sont deux pays aux forts débouchés pour LMVH (respectivement 25 % et 34 % du CA du groupe). Et les classes moyennes ayant tendance, par effet de distinction, à vouloir imiter les classes supérieures au niveau de leurs biens de consommation, il est courant de casser la tirelire pour acheter un sac Vuitton, par exemple…

La Bourse a bien pris conscience de la force du modèle et c'est pour cela que LVMH est tout simplement la société qui pèse le plus lourd de la Bourse de Paris.
Elle pèse plus de 340 milliards de capitalisation boursière en février 2022 !
Voilà ce qui fait de Bernard Arnault l'une des personnes les plus fortunées au monde.

LVMH est devenu un poids lourd du CAC 40 en termes de chiffre d'affaires (ayant ces deux dernières années dépassé les banques comme BNP, Société Générale, Crédit Agricole, mais aussi Orange, Arcelor, ou même Renault).
Seules Total, Carrefour, Axa et Stellantis restent devant en termes de chiffre d'affaires. Mais LVMH est le champion toutes catégories de la capitalisation boursière !

Rang dans le CAC 40 :

Capitalisation boursière : 1er/40
Chiffre d'affaires : 5e/40

Évidemment, le parcours boursier a suivi… Cela va de soi. Il y a 20 ans, le titre valait 120 € contre plus de 650 € aujourd'hui. Il a été multiplié par 5,4 !

Parcours boursier et rendement

En 20 ans : 1 000 € → 5 400 €

Un particulier qui aurait placé 1 000 € sur LVMH en 2001 détiendrait aujourd'hui 5 400 €, plus des dividendes réguliers qui viennent chaque année rémunérer ce placement.

L'avis de l'expert

LVMH est devenu un symbole. Bien que la croissance ne puisse plus être celle des 20 dernières années, bien que la relève de Bernard Arnault doive se construire une notoriété, les produits de luxe n'ont pas fini de séduire et de trouver un marché en perpétuelle extension...

La saga Bolloré

Vincent Bolloré, né en 1952.

La belle histoire

par Yoann Laurent-Rouault

« *Vincent Bolloré est né le 1ᵉʳ avril 1952 à Boulogne-Billancourt dans les Hauts-de-Seine, c'est un industriel, homme d'affaires, propriétaire de médias et milliardaire français. Il est l'actionnaire majoritaire du Groupe Bolloré, ainsi que l'ancien président du conseil de surveillance de Vivendi et du groupe Canal+. En 2021, le magazine Forbes le classe 538ᵉ fortune mondiale et 14ᵉ fortune française, avec plus de cinq milliards d'euros.* » (Source : Wikipédia)

Voici, livrée comme telle, une des présentations les plus lues et les plus copiées sur le web pour qui veut savoir en quelques lignes qui est ce personnage. C'est tout aussi factuel que l'image véhiculée par le milliardaire dans les médias. Car, si Vincent Bolloré impressionne, il sait rester discret sur l'essentiel de sa vie privée. Ce qui ne l'empêche pas de faire de temps à autre des déclarations fracassantes. Pourtant, pour certains économistes de ma connaissance, puisque mes activités d'auteur historien ou de biographe me portent à les rencontrer et à collaborer, Vincent Bolloré est non seulement un modèle, mais aussi une star. Alors, qui est Vincent Bolloré ? Nous allons essayer de brosser le portrait de ce grand patron français avec un peu plus d'humanité que ce que nous lisons communément en dehors des articles de la presse mondaine ou financière. Et surtout, nous allons essayer de voir l'implication qu'ont dans nos vies ces entreprises citées dans le texte et appartenant au fameux empire « Bolloré » et leurs répercussions pour notre culture. Voici donc en suivant, et sans plus attendre, la saga de Vincent Bolloré.

Une histoire bretonne parmi d'autres : OCB

Je serais tenté de dire, en toute impartialité, avec Édouard Leclerc ou Yves Rocher : encore un patron aux racines bretonnes dans ce livre. En effet, bien qu'ayant commis l'indélicatesse de naître dans les Hauts-de-Seine, Vincent Bolloré est le fils d'un industriel breton, plus précisément nantais. Quant à sa famille paternelle, elle prend source dans le Finistère. Je n'épiloguerai pas sur le délicat chapitre des douloureux remembrements administratifs français qui ont vu la ville du château des ducs de Bretagne être cédée aux pays de Loire, encore récemment. Mais revenons-en au sujet de notre papier. Je découvre aussi la complexité des ascendances familiales de notre bonhomme : *« D'une petite entreprise de papier à cigarette, OCB, la famille Bolloré a fait un empire. »* (Source : <u>Le Figaro</u>) C'est une phrase commune à toutes les biographies existantes. Mais ce n'est qu'à la succession de ses aînés en 1981, quand Vincent Bolloré reprendra l'entreprise pour 1 franc symbolique, que les affaires exploseront. En 1987 s'ensuivra le rachat des papiers à cigarette JOB, qui sera le point de départ d'une montée en puissance pour ce qui deviendra le groupe Bolloré. Et nous y reviendrons. Mais poursuivons d'abord sur la papeterie et sur ses origines. OCB, qui signifie « Odet-Cascadec-Bolloré », est une marque française de papier à cigarette fondée en 1822 à Ergué-Gabéric, près de Quimper en Bretagne. Odet est le nom de la rivière qui traverse la gracieuse ville de Quimper, Cascadec est le nom du site de l'usine, et Bolloré, vous l'aurez compris, le nom du propriétaire. En 1822, un certain monsieur Bolloré crée la première papeterie de la famille sur les bords de l'Odet. La seconde papeterie s'installe 70 ans plus tard au moulin de Cascadec en 1893. Mais le véritable virage est pris en 1917. À cette époque, la cigarette est déjà bien introduite en France, le premier conflit mondial favorisant sa percée avec les soldats mobilisés

par millions et les commandes de tabac des États pour
« la troupe », le papier à rouler a le vent en poupe. Les
Bolloré décident de tout miser sur ce créneau, relativement nouveau. Les papiers à lettre, coton, mousseline et
autres sont ainsi relégués au second plan de la production. En 1918, c'est la fabrication de papiers ultraminces
pour rouler les cigarettes qui donne naissance à la
marque OCB en tant que telle, pour désigner le produit.
La marque ne sera pourtant déposée qu'en 1923. Si cette
papeterie n'avait pas existé, il y a fort à parier que la
famille Bolloré n'aurait pas connu une telle réussite, effectivement. Le papier, jusqu'au début de ce siècle,
c'était l'or blanc, et l'engouement des consommateurs
pour le tabac a littéralement explosé tout au long du
XXe siècle. En cela, il n'y a pas que de la chance, mais
aussi le flair de l'industriel qui entre en compte. Même
si à la fin des années 70, il leur faudra prendre à nouveau un virage.

Le saviez-vous ?

La papeterie Bolloré fournira « le papier bible » aux éditions Gallimard pour sa prestigieuse collection de La
Pléiade.

OCB fabriquera toute une gamme de produits diversifiés
liés au tabac et à sa consommation, tels que filtres pour
cigarettes, rouleuses, tubes et tubeuses. Je lis, avec un
certain amusement, que *« le plus gros du chiffre d'affaires se réalise par le biais de la vente de feuilles à
rouler, dont le monopole de la marque se situait à 90 %
en 2014. Les types de feuilles disponibles diffèrent selon
les pays, mais deux grandes catégories de produits peuvent être établies : les formats standards et les formats
longs, qui sont l'apanage presque exclusif des consommateurs de cannabis et qui représentaient environ 60 % des*

livraisons en bureau de tabac en 2014». (Source : Wikipédia) La tendance se serait améliorée dans les années suivantes. OCB dépendra du groupe Bolloré jusqu'en juillet 2000, date à laquelle la société française *Republic Technologies International*, filiale de la *Republic Tobacco* américaine, reprendra la marque, incluant le concurrent direct racheté dans les années 80 par Vincent Bolloré, le fabricant du papier à cigarette JOB.

Nous pouvions difficilement commencer le portrait de Vincent Bolloré sans évoquer la marque OCB, qui tout comme la Gitane, la Gauloise, le Ricard ou encore La vache qui rit et le pâté Hénaff, fait partie du patrimoine français des grandes marques de consommation. Et, par voie de conséquence, du folklore populaire français et international.

Le saviez-vous ?

En 1993, le groupe nantais Billy Ze Kick, dans son premier album, chante la chanson *OCB* en référence au papier OCB, en le renommant par rétroacronymie « Occis Carton Blindé ». OCB et son lien avec Vincent Bolloré est mentionné dans la chanson *Pompafric* du groupe breton Tryo.

Itinéraire d'un enfant gâté

Avant d'entrer dans les affaires familiales, et de profiter de l'impressionnant carnet d'adresses de ses pairs, proche sur plusieurs générations de grands noms tels que les Rothschild, notamment par l'entremise de sa grand-mère maternelle, Nicole Goldschmidt, Vincent Bolloré, après avoir été élevé à Gerson, un établissement privé du 16e arrondissement de Paris, sera élève du lycée Janson-de-Sailly, et sera, au terme de ses études, titulaire d'un DESS de droit des affaires et d'un doctorat de l'université Paris X Nanterre. À noter que dans sa classe de 8ᵉ se trouvait le futur homme d'affaires répondant au nom de Martin Bouygues. Des coïncidences comme ça, ça ne s'invente pas. Vincent Bolloré commence très tôt sa carrière en parallèle de ses études, dès 1970, à l'âge de 18 ans, directement à la banque de l'*Union européenne industrielle et financière*, avant d'être nommé, en 1975, à l'âge de 23 ans, directeur adjoint à la *Compagnie financière Edmond de Rothschild*, alliée historique de la famille Bolloré.

Le saviez-vous ?

Nicole Goldschmidt, grand-mère maternelle de Vincent, qui a rallié pendant la Seconde Guerre mondiale la France libre de Charles de Gaulle, était un modèle pour Vincent Bolloré, selon ses dires. Et c'est une femme étonnante : l'ancienne résistante mènera dans l'après-guerre, sous la couverture de bénévole de la Croix-Rouge, une longue carrière d'agent secret au sein du service Action. Elle sera notamment une agente de liaison particulièrement efficace entre les services secrets français et les services secrets israéliens. Nicole Goldschmidt sera aussi connue pour être très proche d'Edmond de Rothschild, principal actionnaire de la papeterie familiale Bolloré, et des parents d'Antoine Bernheim, lui-même devenu un intime de la tante de Vincent. Ajoutons que deux de ses oncles, Gwenaël Bolloré et Marc Thubé, ont fait partie du célèbre Commando Kieffer lorientais, seul bataillon français engagé pour le Débarquement de Normandie.

Ce « premier job » sera évidemment très formateur pour lui. Travailler dans la finance, pour la *Banque de l'Union européenne*, ou au sein de la *Compagnie financière Rothschild*, ce n'est pas anodin. Le jeune homme saura aussi faire fructifier son héritage et activer intelligemment, comme développer conséquemment son réseau de relations publiques. Certains diront que les alliances des temps passés entre les Bolloré- Goldschmidt et la grande famille du baron de Rothschild ont favorisé son ascension fulgurante.

Le virage des années 1980 du « Petit Prince du Cash Flow »

En 1981, Vincent Bolloré prendra le contrôle avec son frère Michel-Yves Bolloré des papeteries familiales, alors en difficulté financière. Ils recentreront la production sur les sachets à thé, surfant à nouveau sur un nouvel engouement des consommateurs, et sur les papiers ultrafins, puis ils industrialiseront et investiront dans le secteur complexe des films plastiques ultrafins utilisés dans l'industrie des condensateurs, entre autres. Et les choix s'avèreront judicieux, puisque la barre sera rapidement redressée. Au point que moins de 4 ans plus tard, l'entreprise entrera en bourse sous le nom de *Bolloré Technologies,* en 1985. L'année suivante, elle rachètera à la compagnie Suez la *SCAC* (Société Commerciale d'Affrètement et de Combustible), en vue d'un développement à l'international, notamment en Afrique. Ce rachat fait entrer les Bolloré dans le monde des activités de transport et logistique. En moins de dix ans, il en viendra à la Bourse à plus grande échelle et à l'international, gagnant au passage ses galons de grand capitaine d'industrie dans les secteurs du transport maritime et ferroviaire, de la fabrication du papier, du pétrole, de l'agricole, du financier, de la logistique et des investissements, en France comme à l'étranger. Sans états d'âme, peu conservatrice, la direction du groupe n'aura de cesse de croître et de multiplier les bénéfices. D'où cette politique de diversification et cette succession de ventes et d'achats, comme ce développement à l'international, caractéristique des politiques de management des grands groupes.

En 1991, après des négociations houleuses et complexes, et grâce au soutien du Crédit Lyonnais, Bolloré réalise alors un très gros coup : le rachat de la compagnie Delmas-Vieljeux. Delmas est une compagnie maritime française, spécialisée dans le transport depuis et vers l'Afrique. Elle fait aujourd'hui partie du groupe CMA-CGM. Cette prospère compagnie investissait massivement elle-même dans des groupes et autres structures financières (notamment chez Bouygues) à cette même période. En 1991 donc, Vincent Bolloré prend le contrôle de la société. Il met en minorité Tristan Vieljeux, l'héritier, qui quitte la direction de la compagnie de fait. En septembre 2005, le groupe Bolloré vendra la compagnie Delmas pour 600 millions d'euros à la CMA-CGM. Et la route continue de défiler sous le rouleau compresseur Bolloré. À la suite d'une vague de privatisations imposées par les institutions financières internationales, il obtient la concession d'infrastructures en Afrique, parmi lesquelles, en 1995, la Société internationale de transport africain par rail (Sitarail), et en 1999, la Camrail, compagnie ferroviaire du Cameroun. Il prend ensuite le contrôle du Groupe Rivaud en 1996. La banque Rivaud est contrôlée depuis par deux sociétés : la Socfin, dont Vincent Bolloré détient depuis plus de 44 % des parts, et la Bordelaise africaine, dont eux seuls détiennent la liste des actionnaires. La banque Rivaud, devenue le Groupe Rivaud, est aujourd'hui contrôlée par Vincent Bolloré. En 1997, c'est au tour de la compagnie de SAGA d'être absorbée. SAGA, devenue société du Groupe Bolloré, est spécialisée en transport maritime, aérien et express, logistique, projet industriel et opérations en douane. Elle emploie environ un millier de personnes à travers le monde et elle est présente sur une centaine de pays. En 1998, Bolloré quitte le groupe Bouygues un an après y être entré et empoche 240 millions d'euros de plus-value. Le « Raider » mérite bien son surnom.

Le saviez-vous ?

La compagnie maritime Delmas-Vieljeux fut fondée à La Rochelle en 1867 par les frères Frank et Julien Delmas, sous le nom Frank Delmas & Cie. Leur première activité est l'armement d'un petit vapeur qui fait la liaison régulière entre La Rochelle et l'île de Ré. Et le succès ira croissant. Maire de La Rochelle de 1930 jusqu'à sa destitution par l'occupant allemand en septembre 1940, Léonce Vieljeux refusa d'emblée de discuter avec un lieutenant nazi venu pour faire flotter son drapeau sur la mairie, arguant de son grade d'officier supérieur (colonel de réserve et ancien combattant de 1914-1918). Il organisera avec de nombreux collaborateurs de la compagnie le réseau de résistance « Alliance » qui fournira à Londres des informations capitales sur le trafic portuaire rochelais, et de faux emplois aux jeunes réquisitionnés du STO. Dénoncé, ainsi que d'autres membres du réseau Alliance, Léonce Vieljeux est arrêté par la Gestapo en mars 1944, pour avoir protégé la fuite de deux de ses ouvriers. Il sera transféré à Drancy, puis au camp de concentration de Natzweiler-Struthof, où, dans la nuit du 1er au 2 septembre, 108 membres du réseau Alliance sont exécutés par les SS.

Les débuts médiatiques
de Bolloré « l'oligarque »...

« *Fin stratège, Vincent Bolloré a su à la fois perpétuer l'héritage familial et gérer efficacement un groupe d'envergure internationale, marquant de son audace le milieu des affaires.* » Mais, malgré les belles phrases et les florilèges, les critiques sont vives et les ennemis très nombreux. Si l'on ne fait pas d'omelette sans casser des œufs, encore faut-il surveiller la cuisson ! Les épisodes juridiques et les scandales d'opinions vont se succéder, en Afrique comme en France.

Presse (*Direct Soir, Matin Plus*), télévision (*Direct 8*), radio (*RNT*), publicité, Internet, cinéma, édition… l'empire Bolloré est sur tous les fronts au début de ce XXIe siècle. Et son dirigeant omniprésent. Mais revenons-en au début du siècle : Vincent Bolloré dirige pendant un temps, à partir de 2001, la banque d'investissement italienne Mediobanca, dont il restera actionnaire. En 2002, il investit 160 millions d'euros dans l'entreprise de tubes Vallourec et engrange une plus-value de 1,7 milliard d'euros trois ans plus tard (Vallourec est un fabricant de tubes en acier sans soudures et de solutions tubulaires spécifiques destinés principalement aux marchés du pétrole et du gaz, mais aussi au secteur de l'industrie). Et le statut de leader se confirme encore quand, en 2005, Vincent Bolloré prend la tête du groupe Havas. Havas… Qui n'en a pas entendu parler ? Sa participation est de 20 % dans le groupe français en 2004 et de 25 % dans le groupe britannique Aegis en 2005 (revendus en 2012).

Le saviez-vous ?

Havas est un groupe français de conseil en communication, principalement avec l'agence de publicité Havas Worldwide et d'achat d'espace média, principalement avec Havas Media. Deux entreprises distinctes ont porté le nom Havas : la première a existé entre 1835 et 1998, date de son rachat par la Compagnie Générale des Eaux (Vivendi). La seconde est une ancienne filiale de la première, nommée Havas Advertising, qui est revendue par Vivendi et qui reprend le nom Havas en 2002. Havas est en 2017 le premier groupe publicitaire de France, et le sixième à l'échelle mondiale.

En 2011, Vincent Bolloré obtient le marché de l'Autolib' à Paris (Autolib' était un service public de voitures électriques en libre-service disponible dans l'agglomération parisienne entre 2011 et 2018). Cela lui permet de mettre en avant la batterie au lithium métal-polymère produite par le groupe, qu'il étendra à d'autres systèmes urbains avec le système Bluecar, (la conception des Bluecar utilisées ainsi que l'exploitation du service ont été confiées au groupe Bolloré par le syndicat Autolib' et Vélib' Métropole), en particulier à Lyon et Bordeaux en France, Indianapolis aux États-Unis, et à terme dans de grandes métropoles asiatiques. À ce niveau, ce n'est plus de l'implantation, mais de la colonisation...

Dans le même temps, le « Renard » cède ses chaînes de télévision, *Direct 8* et *Direct Star*, au Groupe Canal+ « via un échange d'actions ». Une belle opération, puisque dès 2012, Vincent Bolloré devient le premier actionnaire de Vivendi. Mais nous allons développer sur le dossier Canal +, puisque c'est de là que partent les principales polémiques autour du groupe et de la personnalité de Bolloré.

Il y est « presse », mais pas tout à fait...

Revenons sur quelques événements, qui, à eux seuls, pour le grand public, sont peut-être à la base de la dépréciation de son personnage.

Au début de l'été 2015, une rumeur circule selon laquelle Vincent Bolloré souhaiterait supprimer l'émission culte de Canal+, *Les Guignols de l'info*, en raison de l'irrévérence du programme. Citons *Le Figaro* de l'époque : « *Vincent Bolloré déplore l'abus "de dérision" de la chaîne, regrettant une tendance à se moquer des autres.* » D'autres médias affirment qu'il s'agit d'une décision politicienne ayant pour but de favoriser Nicolas Sarkozy pour l'élection présidentielle de 2017. Ce dernier étant à l'époque, il faut bien le reconnaître, une des cibles privilégiées de Guignols, avec son épouse. Mais débarquer et supprimer une émission qui existait alors depuis plus de trente ans, au lendemain de la mort de son créateur, Alain De Greff, ancien numéro 2 de la chaîne et père fondateur, c'est ce qui s'appelle mettre les pieds dans le PAF.

Cette émission était très influente politiquement parlant, et Jacques Chirac lui-même, qui reconnaissait son personnage «comme plutôt sympathique», ne le niait pas. Si les Guignols étaient de votre côté pour une élection, cela avait une incidence positive. D'ailleurs, que n'a-t-on pas lu comme controverses sur le sujet !

Mais continuons nos investigations. Je lis, et pour la même année : « *Vincent Bolloré, déjà à la tête du conseil de surveillance de Vivendi, prend également la tête de celui de sa filiale Canal+ en tant qu'actionnaire majoritaire de Vivendi.* » (Source : Wikipédia) Et c'est le jeu des chaises musicales qui commence, à un rythme tel que le CSA s'en mêlera. À Canal+, on parle de purge stalinienne. Je lis : « *Vincent Bolloré devra s'engager à "créer un comité d'éthique" auprès de Canal+ qui, sous la surveillance du CSA, sera chargé de "garantir l'indépendance éditoriale comme celle de l'information".* » (Source : Ozap.com) En 2016, le rédacteur en chef adjoint de *Spécial Investigation*, Jean-Baptiste Rivoire, confie aux médias que « *plusieurs propositions d'enquêtes ont été refusées par la direction de la chaîne* ». La direction aurait fait savoir qu'elle tenait « *avant tout à défendre les intérêts du groupe Canal et qu'elle estime qu'il est préférable d'éviter certaines attaques frontales ou polémiques à l'encontre des partenaires actuels ou futurs du groupe* ». (Source : Wikipédia)

Le bilan de Vincent Bolloré à la tête de Canal+ divise les médias de l'époque. Les cœurs balancent entre le redressement financier efficient de la chaîne et l'indépendance des médias et de la liberté d'expression. Mais tous s'accordent à parler de « procédés oligarchiques » dans la gestion de l'information. En effet, force est de constater que Canal+ est devenue essentiellement, pendant ces années, une chaîne de « divertissement » et non plus une chaîne « journalistique ». Ce dernier constat sera d'ailleurs mis en exergue par *Reporters sans frontières*. Vincent Bolloré ne jettera l'éponge qu'en 2018, cédant sa place au directoire.

Affaire d'attribution de marché en Afrique de l'Ouest ou la guerre des ports africains

« *Le 24 avril 2018, dans le cadre de soupçons de corruption autour de l'attribution de concessions portuaires en Afrique de l'Ouest, Vincent Bolloré est placé en garde à vue à Nanterre, à l'Office central de lutte contre la corruption et les infractions financières et fiscales pour répondre à l'accusation de "corruption d'agent public étranger", et déterminer si le groupe Bolloré a utilisé ses activités de conseil politique, via sa filiale Havas, pour obtenir la gestion des ports de Lomé, au Togo, et de Conakry, en Guinée. Après 48 heures de garde à vue, Vincent Bolloré est mis en examen et déféré devant les juges, pour "corruption d'agent public étranger", "complicité d'abus de confiance" et "faux et usage de faux". En 2021, Vincent Bolloré reconnaît les faits qui lui sont reprochés. Au terme d'une négociation de peine suggérée par le Parquet, il accepte de plaider coupable moyennant une amende. Toutefois, le tribunal judiciaire de Paris refuse de conclure le marché, ouvrant ainsi la voie à un procès en correctionnelle. En revanche, la société Bolloré est condamnée à une amende de 12 millions d'euros, calculée sur la base des bénéfices du groupe envisagés sur la concession portuaire de Lomé.* » (Source : <u>Wikipédia</u>)
Ce résumé ci-dessus est celui qui est le plus largement publié sur le web. Sans détour, il semble correspondre aux coupures de presse de l'époque. Pour le reste, nous n'irons pas plus loin et nous nous garderons bien de tirer des conclusions.

Richesse et pouvoirs

En une trentaine d'années, Vincent Bolloré parviendra à faire de l'entreprise Bolloré un conglomérat international. Puissant, respecté et craint selon la formule consacrée. Vincent Bolloré m'apparaît comme un homme complexe, doué et déterminé. Mais traînant derrière lui une batterie de cuisine complète. Les origines de Vincent Bolloré jouent aussi certainement en sa défaveur. Ses aînés, qui fréquentaient déjà Léon Blum ou Georges Pompidou, avec qui ils profitaient luxueusement des loisirs, avaient certainement une façon de faire qui ne choquait personne au siècle dernier, mais qui aujourd'hui est préjudiciable à l'image du milliardaire. Les mots « richesse » et « pouvoir » ayant aujourd'hui des implications différentes par rapport à hier. Mais ceci n'est que la réflexion d'un observateur pacifique.

Aujourd'hui, le nom est présent dans les secteurs du transport, de la logistique, du fret maritime, des médias et de la communication, du stockage de l'électricité, des solutions de mobilité et de l'agriculture. Le groupe Bolloré est inévitable. Incontournable aussi pour l'économie française. Vincent Bolloré, c'est une saga non seulement familiale, mais aussi individuelle.

L'analyse économique

par Jean-David Haddad

Contexte économique et capitalistique

Créé en 1822, le Groupe Bolloré figure parmi les 500 plus grandes compagnies mondiales. Coté en bourse, il est toujours contrôlé majoritairement par la famille Bolloré, en particulier via la Compagnie de l'ODET, ou Financière de l'ODET (son ancien nom, qui détient 63 % du capital du Groupe Bolloré), qui est aussi cotée en bourse. Ce qui est plutôt rare pour une holding de participation. En effet, la plupart des grands patrons possèdent des holdings, mais peu de ces dernières sont cotées en bourse. Phénomène encore plus rare : le Groupe Bolloré détient 92 % de cette holding ! C'est donc un jeu de participations croisées entre le groupe et sa holding, qui donne finalement une stabilité actionnariale au tout.

Le groupe Bolloré est aujourd'hui actionnaire principal (majorité relative) de Vivendi avec 27 % du capital de ce dernier. Vivendi détient Canal+ (et ses filiales CNews, C8, etc.) pour la télévision et la production, Universal Music pour la musique, Havas pour la publicité et la communication, Editis pour l'édition avec une cinquantaine de maisons (Robert Laffont, XO, Plon, First Éditions qui édite la collection « Pour les nuls », et bien d'autres, sans parler du distributeur Interforum). Editis qui est d'ailleurs en cours de fusion avec Hachette, un projet vivement contesté par la profession, en particulier par le concurrent Madrigal (détenu par la famille Gallimard). « *La façon dont Vincent Bolloré tente d'expliquer qu'il faut créer un champion européen pour faire face aux GAFAM est absurde* », a indiqué Antoine Gallimard.

Le groupe Bolloré détient aussi d'autres participations majoritaires dans des sociétés non cotées comme Gameloft (fleuron des jeux vidéo), Socfin qui gère plus de 200 000 hectares de plantations en Asie et en Afrique, Bolloré Logistics, Bolloré Energy, etc.

Ainsi, on peut parler de galaxie Bolloré, et de participations en cascade qui donnent au final un pouvoir de contrôle accru à Vincent et Cyrille Bolloré dans les secteurs de l'édition et des médias.

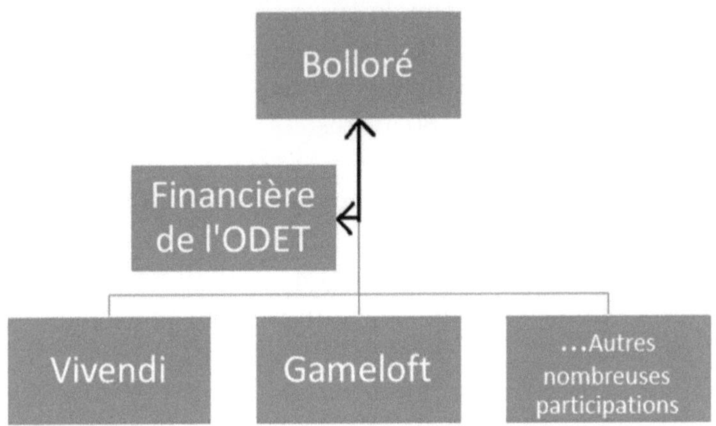

Cette stratégie capitalistique donne au groupe Bolloré, qui est central dans l'organigramme, une position de leader dans les médias, la logistique, la communication, le transport, etc. Cela lui permet aussi d'avoir à son bilan des capitaux propres de 26 milliards d'euros et de réaliser sur l'exercice 2020, par des processus comptables comme la consolidation, un chiffre d'affaires de 24 milliards d'euros et un résultat opérationnel de 1,65 milliard d'euros.

C'est donc l'action du Groupe Bolloré, cotée sur la Bourse de Paris, qui est celle à laquelle s'intéresser prioritairement, Vivendi étant une filiale qui a été progressivement intégrée au groupe séculaire.

Bourse et finances

La spécificité de la galaxie Bolloré, par rapport à d'autres, est que toutes les entités ou presque sont cotées en bourse.

La Compagnie de l'Odet est une action qui vaut plus de 1 000 €, ce qui en fait une des plus chères de la Bourse de Paris en termes de nominal. Quelques centaines d'actions s'échangent chaque jour. Un cours de bourse si élevé donne une certaine stabilité à ce titre.

À l'inverse, l'action Bolloré vaut moins de 5 € et s'échange à plusieurs centaines de milliers de titres par jour, voire par millions de titres. Tout « petit porteur » peut donc facilement acheter et revendre cette action. Elle fait partie du SBF120, qui inclut les 40 valeurs du CAC 40 et en compte 80 autres.

La capitalisation boursière actuelle (début 2022) de l'entreprise se situe autour de 14 milliards d'euros. Cette capitalisation tient compte, bien entendu, de la participation dans Vivendi, un groupe qui pèse plus de 12 milliards et qui fait partie du CAC 40. Ainsi, Bolloré est, d'une certaine manière, aussi dans le CAC 40.

Concentrons-nous sur le groupe Bolloré. Par consolidation des comptes des différentes filiales, le groupe a réalisé en 2020 un chiffre d'affaires de 24 milliards d'euros pour 425 millions de résultat net. Un chiffre d'affaires qui augmente fortement dans le temps, comme on peut le remarquer sur les trois années comparatives suivantes :

ANNÉE	2012	2017	2020
CHIFFRE D'AFFAIRES (en milliards d'euros)	10,2	18,3	24,1
RÉSULTAT OPERATIONNEL (en millions d'euros)	407	1 123	1 649
RESULTAT NET (en millions d'euros)	669	699	425

En revanche, le résultat net ne suit pas la même courbe, car certaines années sont dopées par des plus-values de cessions, vu la structure particulière du groupe qui se rapproche d'une holding.

Le résultat net n'est pas ce qu'il faut regarder en premier sur ce type d'entreprise, pour les raisons indiquées ci-dessus. En revanche, le résultat opérationnel est plus significatif et l'on constate bien qu'il a tendance à suivre la progression du chiffre d'affaires.

Le groupe se développe contre vents et marées et l'investissement s'avère profitable sur le long terme pour le particulier qui aurait acheté des actions Bolloré.

En 20 ans, le titre est passé de 0,4 € en moyenne (il oscillait entre 0,3 € et 0,5 € entre 2002 et 2005) à près de 5 € aujourd'hui.

Parcours boursier et rendement

En 20 ans : 1 000 € → 12 000 €

Un particulier qui aurait placé 1 000 € sur Bolloré il y a 20 ans détiendrait donc plus de 12 000 € aujourd'hui ! Sans compter les dividendes... L'action Bolloré, qui ne fait pas partie des actions les plus regardées des analystes, est une action qui a vécu l'un des plus beaux parcours de la Bourse de Paris.

Attention, le tableau est moins flatteur sur les dernières années. En effet, en 2015, le titre avait déjà atteint les 5 €, puis il a baissé, jusqu'à 2 €, et a ensuite fluctué essentiellement entre 2 et 5 €. Pourtant, le chiffre d'affaires et le résultat opérationnel ont progressé, mais le titre s'est montré assez corrélé à Vivendi du fait de l'abondante participation dans cette entreprise du CAC 40.

Aujourd'hui, néanmoins, le profil très diversifié et très internationalisé du groupe lui confère une certaine sensibilité au contexte économique mondial, mais il lui donne aussi un gage de sécurité.

L'avis de l'expert

Bolloré est devenu un groupe lié à l'économie mondiale, et quelque part, il fait ainsi honneur à la France. En période de croissance et de prospérité, le titre peut donc encore être un bon placement.

La saga Bouygues

Francis Bouygues, 1922-1993,
fondateur du groupe Bouygues

La belle histoire

par Yoann Laurent-Rouault

Francis Bouygues (1922-1993) est un industriel français, fondateur du groupe Bouygues en 1952. Martin Bouygues (1952), fils de Francis, est président-directeur général du groupe Bouygues de 1989 à 2021.

Le groupe Bouygues est constitué de : Bouygues Telecom, Bouygues Construction, Bouygues Immobilier, Bouygues Travaux Publics, Bouygues Bâtiment International, Bouygues Telecom Caraïbes, Bouygues Entreprises France-Europe. Ceci pour planter le décor.

Ce qui nous intéresse ici, dans cette liste impressionnante, c'est son fondateur. Francis Bouygues. Le nom de Francis Bouygues est, pour beaucoup, indubitablement attaché à la France des années 1980 et, par répercussion directe, à celle des années 1990. À cette France mitterrandienne, alors en pleine mutation politique, sociale, idéologique et technologique. Certains observateurs pensent que cette France s'était tournée trop tôt vers le XXIe siècle et qu'elle ne s'était pas réellement donné les moyens de l'atteindre. En tous les cas, qu'elle n'avait pas les bons acteurs au casting. Quelques personnages influents de cette époque, affairistes ou politiques, reviennent avec récurrence dans cette analyse, et le nom de Bouygues y figure en bonne place. Beaucoup disent que les personnalités politiques et financières alors à la barre de notre pays n'avaient offert qu'une vision à court terme et bien trop franco-française, même si l'Europe prenait déjà de plus en plus de place dans les débats. Reproche qui est fait également à d'autres pays leaders de la formation européenne et qui est appelé communément aujourd'hui « le retard européen », particulièrement

en raison de l'inadaptation du vieux continent aux nouvelles technologies industrielles comme de consommation, comme à la vision écologique et politique du monde de demain. Certains iront jusqu'à parler de monde « d'après » et un auteur en particulier à l'écrire.
Bouygues avait d'ailleurs suscité la polémique à l'apogée de sa réussite en se servant de ses moyens financiers comme d'un véritable média. Une première. Et une première écrasante. Francis Bouygues a été au cœur de la refonte de la télévision française voulue par les gouvernements Mitterrand successifs, et par là, il a influencé nos vies quotidiennes et imprimé sa marque dans tous les foyers français. Jusque dans leurs logements. Jusque dans leurs déplacements. Pour ma génération, TF1 et Canal+, dans ces années-là, restent les références médiatiques absolues de ce que le pays pouvait produire en la matière. Cette mutation de fin de siècle que je décris en quelques lignes a ouvert le pays à une sorte de pré-mondialisation financière, médiatique et politique. En parallèle, le groupe Bouygues, avec d'autres, par le comportement de leurs dirigeants, a aussi peut-être contribué à créer cette fracture ouverte entre les différentes classes sociales du pays. C'est au cours de ces années « Bouygues » que la classe « pauvre » et même peut-être la classe « moyenne » ont trouvé et affirmé leurs identités et stigmatisé la société. Et paradoxalement, sous un régime de gauche. L'admiration qu'avait autrefois le « petit peuple » pour les « grands », aujourd'hui nous dirions les « people », est devenue défiance à cette époque précisément. Jamais le syndicalisme et l'entraide sociale n'ont été aussi présents dans notre paysage que dans ces années-là ! Des Restos du Cœur à Henri Krasucki, en passant par Arlette Laguiller ou Robert Hue, l'Abbé Pierre, les chanteurs sans frontières, Mère Teresa, le téléthon, Sidaction, SOS Racisme et j'en passe. Le paysage est devenu soudain noir ou blanc. D'un côté, les pauvres,

les exploités, c'est-à-dire les bons, et de l'autre, les méchants, c'est-à-dire les hommes de pouvoir et d'argent. On parlera de guerre des classes. Quant à la classe moyenne, reine de la consommation de masse à cette époque, très marquée, ne serait-ce que par le mot « cadre », Graal des enfants de cols bleus, si elle s'est distinguée jusque dans la décennie suivante, aujourd'hui, elle tend à disparaître en une multiplicité de catégories et de sous-catégories.

Le fondateur du groupe, Francis Bouygues, était un des personnages français les plus controversés de cette fin du XXe siècle. Et aussi l'un des plus médiatisés. Comme Bernard Tapie ou encore quelques-uns des capitaines d'industrie dont nous dressons le portrait dans ce livre. Bouygues symbolisait à lui seul les années « fric » de ces prodigieuses décennies 80 et 90. Le fric et le scandale. L'abus. La démesure. Comme avec ses « homologues », il symbolisait un luxe et un culte de la réussite qui ont aujourd'hui disparu du paysage social de notre pays. Francis Bouygues, c'est une histoire d'homme. De bonhomme même, comme on disait alors. L'inverse du « sans dents » décrit par l'un de nos présidents.

La construction

Au sortir de la Seconde Guerre mondiale, Francis Bouygues est un ingénieur fraîchement diplômé de l'École centrale de Paris, dans la promotion de 1947. Son père l'était, son fils aîné, Nicolas, le sera aussi. On peut lire parfois qu'il est un autodidacte, et c'est faux. Toute réussite a sa part de légendes. Caché pendant le conflit près de Laval pour échapper au STO alors en vigueur, il y a rencontré sa future femme, qu'il épouse en 1946. Elle est la fille aînée de René Tézé, qui dirigeait alors des distilleries. Elle lui donnera quatre enfants. Et tous quatre auront un rôle de premier plan dans son empire. Il commence sa carrière comme directeur de travaux dans l'entreprise Dumont-Besson, dirigée par Pierre Dumont, qui deviendra en 1956 le président de la chambre de Commerce et d'Industrie de Paris. Sous influence et motivé par les perspectives de l'énorme chantier de la reconstruction du pays, de 1949 à 1951, Francis Bouygues suit les cours du Centre de perfectionnement aux affaires (CPA) les soirs et les samedis après-midi. Il comprend que le secteur du bâtiment peut et surtout doit « s'industrialiser » pour répondre à la demande. C'est au CPA qu'il rencontre un professeur qui aura une certaine importance pour lui : Maurice Schlogel, qui n'est autre que le futur numéro deux du Crédit Lyonnais. Cette banque sera, et pour longtemps, la partenaire privilégiée de ses affaires. Maurice Schlogel guidera son élève. En 1952, Francis Bouygues se fait prêter par son père et son beau-père 1,2 million d'anciens francs pour fonder son entreprise de bâtiment simplement dénommée : Bouygues.

Le métier d'entrepreneur en bâtiment est risqué dans les années 50. Les chantiers s'étalent parfois sur des années, ils sont soumis à des contraintes administratives variables, les appels d'offres, pour être remportés, demandent non seulement de l'opiniâtreté, mais aussi une solide connaissance du milieu. Et puis, il y a aussi la politique qui entre en compte, et dans ces années-là, les changements de cap sont fréquents, en partie à cause du régime d'assemblées. Il faudra attendre le retour de De Gaulle aux affaires pour que naisse la Ve république, en 1958, et qu'enfin, entre décolonisation, guerre froide et indépendance énergétique et militaire, la France retrouve une place de premier plan au niveau mondial.

Francis Bouygues mettra en place son propre système, toujours sur l'idée d'industrialiser le secteur du bâtiment, et il ne laissera rien au hasard : encaissement, délais, pénalités de retard, budgets larges, placements...

Il a été à bonne école et apprend à se servir des contraintes du métier. Il les détourne pour en faire des atouts. L'homme a de la poigne. Le personnage dont on brossera autant de portraits qu'il marquera son époque est souvent décrit comme autoritaire, mégalomane, paternaliste, briseur de grèves et proche des pouvoirs financiers ou politiques. On rencontre aussi quelques zones d'ombre dans le dossier « Bouygues ». Au local comme au national, comme à l'international. Au local, pour l'exemple, car enfant, je fus voisin de Francis Bouygues, à Saint-Coulomb, près de Saint-Malo. Il y avait fait construire une série de maisons pour sa famille et ses cadres. Et les histoires de passe-droit, de privatisations de plages et de pontons sont nombreuses et nourrissent encore des conversations. À l'international, car beaucoup de témoignages parlent, par exemple, de l'emploi de mercenaires pour « les chantiers africains de Bouygues » et d'une main-d'œuvre étrangère surexploitée. Et enfin, nationalement, prenons parmi d'autres l'exemple de la construction du Parc des Princes attribuée par la ville de Paris en 1969 qui amena quelques soucis à l'entreprise. J'ai lu dans une biographie qui lui est consacrée que le bureau de Francis Bouygues était surnommé « l'enfer » par ses proches collaborateurs. L'homme, s'il est efficace, n'aura pas fait l'unanimité parmi ses contemporains.

La reconstruction

N'oublions pas que Paris, à cette époque, est assiégée de bidonvilles, et que le nord et l'ouest de la France sont partiellement ravagés. On estime alors que plus de 300 000 logements ont été détruits entre le 13 juin 1940 à Dunkerque et le 15 avril 1945 à Royan, date retenue pour les premiers et derniers bombardements, et que les Alliés déversèrent plus de 518 000 tonnes de bombes sur la

France pour tenter de détruire le dispositif militaire allemand. Si l'on y ajoute les ports, les aérodromes, les gares, les ponts, l'ensemble du réseau ferroviaire, fluvial et routier du pays détruits sur des milliers de kilomètres, il y avait effectivement de quoi faire. C'était une des grandes priorités nationales avec le ravitaillement en vivres et carburants. Pendant les quatre années suivant la Seconde Guerre mondiale, seulement 367 761 maisons permanentes furent construites, contre 2 500 000 durant les 8 années avant la guerre, dont 1 888 000 par le secteur privé. Citons les mémoires de guerre d'un certain Charles de Gaulle pour dresser le bilan et nous aider à mieux comprendre la situation : « *Les chemins de fer sont quasi bloqués. De nos 12 000 locomotives, il nous en reste 2 800. Aucun train, partant de Paris, ne peut atteindre Lyon, Marseille, Toulouse, Bordeaux, Nantes, Lille ou Nancy. Aucun ne traverse la Loire entre Nevers et l'Atlantique, ni la Seine entre Mantes et la Manche, ni le Rhône entre Lyon et la Méditerranée. Quant aux routes, 3 000 ponts ont sauté ; 300 000 véhicules, à peine, sont en état de rouler sur 3 millions que nous avions eus ; enfin, le manque d'essence fait qu'un voyage en auto est une véritable aventure. Dunkerque, Brest, Lorient, Saint-Nazaire, La Rochelle, Calais, Boulogne, Dieppe, Rouen, Le Havre, Cherbourg, Nantes, Marseille, Toulon, ont été écrasés par les bombardements britanniques et américains et, ensuite, détruits de fond en comble par les garnisons allemandes avant qu'elles ne mettent bas les armes. Nos ports n'offrent plus que quais en ruines, bassins crevés, écluses bloquées, chenaux encombrés d'épaves...* »

Prenons l'exemple de Brest à la libération, qui, parmi d'autres villes (Caen, Saint-Malo, Saint-Lô, capitale des ruines d'après Eisenhower, etc.), totalise 4 800 immeubles détruits, 3 700 fortement endommagés et recense 2 000 sinistrés.

C'est dans ce contexte apocalyptique que Francis Bouygues s'installe en 1952, à l'âge de 29 ans, comme entrepreneur de bâtiment. La reconstruction en France en est alors à ses balbutiements. Munie d'un bureau d'études avant-gardiste pour l'époque et d'un « bureau des méthodes », l'entreprise se spécialise rapidement et, osons le dire, radicalement dans les méthodes de construction industrielle. Francis Bouygues rompant ainsi avec les pratiques timorées et familiales qui dominaient dans la profession. La crise du logement était telle que l'immeuble primait sur les constructions individuelles. Et Bouygues l'avait parfaitement compris. Il fallait aller vite et la pression que subissaient les politiques de l'époque était telle que de grands changements d'orientation auraient pu avoir lieu à cause de la grogne du peuple, des orientations communistes, par exemple. L'aide du plan Marshall ne faisait pas tout. Cette ambition moderniste du jeune entrepreneur rencontre celle des planificateurs politiques de la IVe République. Nommé en 1955 conseiller technique au ministère de la Reconstruction sous Roger Duchet, Francis Bouygues y acquerra une expérience et des connaissances capitales qui lui serviront à bâtir son empire, en partie grâce à de nombreuses commandes publiques.

Le saviez-vous ?

En 2005, Martin Bouygues crée la fondation Francis-Bouygues. Cette fondation d'entreprise a pour vocation de réaliser des actions d'intérêt général dans le domaine éducatif. Son objectif est d'apporter son aide à des lycéens motivés et confrontés à des difficultés financières pour effectuer des études supérieures et réaliser un projet professionnel ambitieux.

Au Parc des Princes, votre Altesse !

Dès 1970, suite à la conclusion de cet énorme marché, l'action de la société est introduite en bourse. Au fil des ans, Bouygues gagne en puissance. Il s'entoure de collaborateurs compétents et de ses quatre enfants. Il travaillera avec acharnement jusqu'à devenir le numéro un mondial du bâtiment. En 1986, Bouygues s'empare de la SCREG. Cette entité, numéro deux français du BTP avec sa filiale Colas, était le principal constructeur de routes en France. Presque en même temps, il rachète la SAUR, troisième distributeur d'eau en France. Bouygues, comme dans les années 50, saura profiter de l'essor des travaux routiers en métropole en cette fin des années 1980. La société est en pleine mutation, de plus en plus de femmes travaillent, le parc automobile se décuple et la mobilité devient une réalité. Depuis ces années-là, on ne vit plus où vivaient nos parents et on déménage plusieurs fois au cours d'une vie.

Sous sa direction, les activités de l'entreprise ne cesseront de s'étendre dans le bâtiment, sur le marché international dès 1972, mais aussi dans les travaux publics et l'immobilier, et en 1986, Bouygues devient le premier groupe mondial du BTP, qu'il restera jusqu'en 2000.
Faisons maintenant un petit tour d'horizon. Voici les plus grandes réalisations de l'empire Bouygues, en France et dans le monde : le palais des Congrès de la Porte-Maillot, le complexe olympique de Téhéran, l'aérogare de Roissy 2, un pont d'importance au Koweït, le forum des Halles, les centrales nucléaires de Bugey, de Chooz et de Saint-Alban, jusqu'au mirifique contrat de l'université de Riyad, qui aurait rapporté au groupe entre 4 et 5 milliards de francs à l'époque. Plus récemment, celui-ci aura construit le pont de l'île de Ré, la Grande Arche de la Défense et la grande mosquée de Casablanca. Symbole de la nouvelle puissance du groupe, le siège social « Challenge » est inauguré, en 1988, à Saint-Quentin-en-Yvelines. Et, bien évidemment, cela ne s'arrête pas avec la mort de son fondateur en 1993. Aujourd'hui, le groupe Bouygues se compose de 5 filiales : Bouygues Construction, Bouygues Immobilier,

Colas, TF1 et Bouygues Telecom, et totalise 129 000 collaborateurs de par le monde. Son résultat net en 2020 était de 696 millions d'euros.

Le saviez-vous ?

Il est l'un des personnages clefs du scandale Aranda. Le 13 avril 1972, une charge d'explosifs cause d'importants dommages à sa villa située au lieu-dit Les Nielles, sur le territoire de la commune de Saint-Coulomb en Ille-et-Vilaine. La DST reconnaîtra en être l'auteure pour faire incriminer les indépendantistes bretons du FLB.

TF1

En 1987, TF1, après une rude bataille, est achetée par Bouygues. Il l'emporte sur le groupe Hachette, parti pourtant favori. Loin de s'arrêter là, il développera la première chaîne, inaugurant une privatisation pour le moins « saignante ». Il balayera aussi la concurrence en démolissant « La Cinq » qui, pour lui, était « la chaîne généraliste de trop ».

La légitimité de Bouygues comme propriétaire de la première chaîne française fut à l'époque une source intarissable de débats. Journalistiques tout d'abord et ensuite sociaux. C'est sous l'impulsion des dirigeants de cette nouvelle chaîne que Bouygues met en haut de la tour toute une génération de présentateurs vedettes, associés à des maisons de production diverses et variées, qui amèneront non seulement des concepts télévisuels de l'étranger (*Le juste prix*, *Une famille en or*, etc.), mais aussi qui introduiront à l'antenne le talk-show. Instrument ô combien indispensable pour créer l'évènement et mettre en exergue des idées aussi généreuses que, parfois, nauséabondes ! L'audimat, la fameuse part de marché, dopera la créativité des directeurs de programmations et, aussi, aidera la publicité à se développer jusque dans des proportions déraisonnables, y compris sur le service public. Le président Sarkozy y mettra d'ailleurs un coup de frein pendant son mandat. Mais ce que Bouygues changera une fois pour toutes avec cette acquisition, comme avec son plan de rentabilité et l'affirmation de son pouvoir, ce sont les mentalités. Jusque dans le sport, où, de plus en plus, l'argent fera loi.

Ces nouvelles chaînes, cette nouvelle culture qu'a incarnée un temps TF1, et cette recherche permanente du meilleur score d'audience et de la performance financière qui en découlera pour l'ensemble du réseau, conduiront à des dérives parfois surprenantes dans l'information comme dans le divertissement. Et au final, elles feront muter ce média, davantage tourné vers le monde aujourd'hui que vers son pays. L'évolution qui n'avait peut-être pas été prévue par le directoire de Bouygues à l'époque, c'est que les programmes à la carte sont devenus rois et que les chaînes, une fois devenues groupes, revendent leurs contenus, et ce, et on ne me l'enlèvera pas, au détriment de leurs identités. En clair : il n'y a plus de télévision française. De plus, et je cesserai mon réquisitoire sur cette idée, Bouygues, par sa manœuvre, a ouvert une boîte de Pandore. Aujourd'hui, en France, l'information est contrôlée par deux seules entités : la finance et la politique. Seulement, les deux étant de plus en plus liées, au résultat, la fameuse éthique journalistique tend à s'effacer. Enfin, en avril 1991, Bouygues se lance dans le cinéma. Il crée sa propre société de production, Ciby 2000 (comme cinéma Bouygues et Cécil B. De Mille pour la référence phonétique). L'obtention de la Palme d'or à Cannes, avec *La Leçon de piano*, ouvrira là aussi, une autre voix.

Le saviez-vous ?

Bouygues a bâti son entreprise sur le modèle japonais, « faisant de ses employés une nation avec sa chevalerie, l'ordre des Compagnons du Minorange. Aujourd'hui, 1 200 personnes, sur un total des employés du groupe, en font partie.

La main-d'œuvre étrangère

Son entreprise est l'une des premières à utiliser massivement une main-d'œuvre immigrée recrutée dans les campagnes algériennes, marocaines et portugaises. Dans les années 1970, le personnel de la société est déjà constitué de 80 % d'immigrés. Il exercera un lobbying actif pour soutenir auprès des hommes politiques le décret d'avril 1976 sur le regroupement familial. Paternaliste, humaniste ou calculateur ?

Nul ne saurait le dire précisément. La politique de gauche de l'époque, elle non plus, n'est pas très claire sur le sujet. Les syndicats le sont davantage. Je vous invite à vous y intéresser, d'un point de vue historique et social, j'entends. Pourtant née sous l'impulsion de la droite, cette démarche « industrielle de peuplement », qui a petit à petit touché tous les secteurs de l'économie de la France, ouvre aujourd'hui un véritable débat. Argument, s'il en est, de nombre de polémistes. C'est pourquoi je n'irai pas plus loin sur le sujet. Lisons simplement un des commentaires de nombreuses vidéos d'archives du Web qui donnent la tendance sur le sujet : « *Ouvrir grandes les frontières n'est pas forcément un projet humaniste de gauchistes au cœur pur, mais bien une stratégie de droite purement ultra libérale. Voilà pourquoi, dans les années 70, le Parti communiste était hostile à l'immigration massive de travailleurs.* » (Source : « Bouygues et l'immigration », Dailymotion) Vaste débat.

Le saviez-vous ?

Selon la définition de l'Insee (« personne née étrangère à l'étranger et résidant en France »), en 2018, les immigrés sont au nombre de 6,5 millions, soit 9,7 % de la population totale (66,9 millions), dont 4,3 millions (6,4 %) nés hors d'Europe. Les descendants directs d'immigrés (personnes nées en France et ayant au moins un parent immigré) sont eux estimés à 7,5 millions, soit 11,2 % de la population, dont la moitié sont issus d'un couple « mixte ». Au total, immigrés et descendants directs d'au moins un immigré sont au nombre de 14 millions, soit 20,9 % de la population en 2018. Parmi eux, 5,3 millions (7,9 %) sont d'origine européenne et 8,7 millions (13 %) d'origine non européenne, dont 4,3 millions (6,4 %) d'origine maghrébine, 2 millions (3 %) d'origine subsaharienne et 0,5 million (0,7 %) d'origine turque.

Pour conclure le dossier de la saga Bouygues, le mieux, et le plus équitable est de laisser le mot de la fin à Martin Bouygues, fils du fondateur :

« Répondre durablement aux grands défis actuels tout en apportant le progrès dans la vie quotidienne. On me demande souvent ce qui constitue la grande force et l'originalité du groupe Bouygues plus de soixante-cinq ans après sa création. Assurément, la force du Groupe est qu'il est composé d'une équipe solide de femmes et d'hommes partageant une culture et des valeurs fortes, et pouvant compter sur des actionnaires stables – SCDM et les collaborateurs – très impliqués dans le fonctionnement de l'entreprise. Cela nous permet de relever des défis avec une vision de long terme.

Avant de prendre toute décision stratégique, l'essentiel à mes yeux est de garder à l'esprit que notre entreprise est une aventure humaine qui mérite le plus grand respect, car les femmes et les hommes qui y travaillent investissent sans compter leur énergie et leur talent au service du progrès humain. » (Source : *Donnons vie au progrès*, rapport intégré 2017)

L'analyse économique
par Jean-David Haddad

Contexte économique et capitalistique

On dit qu'une guerre crée des opportunités, c'est bien connu. Qu'il faut tout reconstruire, ce qui crée de l'emploi. L'histoire de Bouygues en est un bel exemple. À trente ans à peine, en 1952, le jeune ingénieur de l'École centrale, Francis Bouygues, qui a su tisser un réseau durant ses études, crée une société de construction munie d'un bureau d'études, avant de se lancer dans la construction de cités HLM dans le cadre de programmes financés principalement par l'État français, lancés pour subvenir aux besoins grandissants de logements.

Le défi de la reconstruction et de la création d'infrastructures était si grand qu'une immense quantité de main-d'œuvre était nécessaire. Là encore, le contexte était celui des Trente Glorieuses.

Francis Bouygues a su en profiter et a surtout eu l'audace d'introduire assez rapidement sa société en bourse, à une époque où la Bourse n'était pas aussi démocratisée qu'elle l'est depuis l'avènement d'Internet... C'est donc en 1970 que le groupe de BTP est entré en bourse, après une croissance verticale dans la deuxième partie des années 60, grâce à un positionnement très fort sur les infrastructures, en l'occurrence l'obtention de marchés prestigieux comme le Parc des Princes, le Palais des Congrès de Paris (Porte Maillot) ou encore l'aéroport de Paris-Charles-de-Gaulle. Des symboles de la France des Trente Glorieuses, qui rayonnent aujourd'hui encore à l'international.

C'est après son entrée en bourse que le groupe a entamé progressivement son internationalisation d'une part, et sa diversification d'autre part.

Ainsi, en 1984, Bouygues a pris le contrôle de SAUR (un groupe de distribution d'eau au revenu de plus d'un milliard d'euros en 2004), puis de TF1 en 1987 après la décision de sa privatisation par le gouvernement français, tandis que LCI, entièrement créée par le groupe, a vu le jour en 1994. Et c'est juste après que s'est fait le lancement de Bouygues Telecom en 1996, puis le lancement du bouquet numérique TPS pour concurrencer Canal+.

C'est au fil du temps, avec ambition, audace, mais aussi justesse et prudence que ce géant du paysage entrepreneurial français s'est progressivement construit pour devenir ce qu'il est aujourd'hui. Sans renier son activité de BTP qui demeure aujourd'hui encore son cœur de métier avec environ les trois quarts de son chiffre d'affaires, tandis que les télécoms en représentent un cinquième et les médias tout le reste (soit environ 5 %, mais cela varie d'une année sur l'autre). Pourtant, si l'on interroge la jeune génération sur le groupe Bouygues, la plupart pensent Telecom... La médiatisation de l'entreprise s'étant faite dans cette direction ces dernières années. De la même manière, les plus jeunes pensent à Edward Bouygues (du moins pour ceux s'intéressant au monde de l'entreprise) et de moins en moins à Martin, fils de Francis Bouygues, ce dernier étant d'ailleurs décédé il y a déjà près de 30 ans en 1993. Martin Bouygues avait déjà pris les rênes du groupe à l'âge de 37 ans, quelques années avant la disparition de son père. Il est aujourd'hui pratiquement septuagénaire, et vient de laisser le poste de directeur général à un manager professionnel, Olivier Roussat, tandis qu'il en garde la présidence. La transmission père-fils ne s'est néanmoins pas totalement arrêtée là, puisque le fils de Martin, Edward, âgé de 38 ans, vient d'être promu directeur général délégué de Bouygues, après être passé par plusieurs postes clés dans les différents compartiments du groupe. On dira que la transition familiale continue de se faire, en douceur.

La capitalisation boursière de Bouygues, qui est aujourd'hui de 12 milliards, fait de cette famille l'une des plus riches de l'Hexagone, puisqu'ils en détiennent, via une holding, la SCDM, près de 25 %. Détenant aussi d'autres participations dans d'autres sociétés comme TF1, déjà filiale de Bouygues à 44 %. C'est Charlotte Bouygues, trentenaire, fille de Martin, qui représente la holding. Cette dernière étant passée par l'Oréal pour faire ses armes.

Il est à noter à ce propos que la famille Bouygues est bien intégrée dans le microcosme des grands patrons. Ainsi, Martin Bouygues a fait ses classes avec Vincent Bolloré. Le neveu de Martin Bouygues n'est autre que le mari de la fille de Vincent Bolloré. Et pourtant, les deux hommes se sont livré plusieurs batailles acharnées dans la sphère médiatique, même s'ils ont une relation commune : Nicolas Sarkozy.

Bourse et finances

Comme cela vient d'être indiqué, le groupe Bouygues pèse en bourse un peu plus de 12 milliards d'euros. C'est une valeur faisant partie du CAC 40. Elle en est même devenue emblématique, car représentant à la fois le bâtiment, les télécoms et les médias. Cependant, avec 12 milliards, c'est un poids léger du CAC 40. Elle est classée à la 36e place de l'indice en termes de capitalisation boursière, tandis que sur le critère du chiffre d'affaires, avec 37 milliards, les héritiers de Francis Bouygues peuvent tout à fait se targuer d'être dans les poids « lourds légers » de l'indice. En effet, ce chiffre classe Bouygues à la 15e place du CAC 40. Pour comparer, Bouygues a réalisé en 2021 exactement le même chiffre d'affaires que Sanofi qui, pourtant, pèse 118 milliards en bourse, soit pratiquement 10 fois plus.

Rang dans le CAC 40

Capitalisation boursière : 36e/40
Chiffre d'affaires : 15e/40

Pourquoi un tel dédain du marché ?

Car les bénéfices ne sont pas régulièrement au rendez-vous. Puisque nous avons osé la comparaison avec Sanofi qui réalise le même chiffre d'affaires mais vaut 10 fois plus cher en bourse, il faut savoir que le champion français des « big pharmas » a réalisé en 2021 pas moins de 6 milliards de résultat net, là où Bouygues a juste dépassé le cap du milliard d'euros. Ceci explique cela.

Par ailleurs, le marché n'a jamais apprécié la diversification de Bouygues car n'en percevant pas assez les synergies. D'ailleurs, Bouygues est aujourd'hui arrivé à un stade où il est devenu compliqué de réaliser de la croissance. Le cap des 40 milliards de CA n'a jamais été atteint.

ANNÉE	2002	2007	2010	2014	2018	2021
CHIFFRE D'AFFAIRES (en milliards d'euros)	22,2	29,61	31,35	33,13	35,5	37,6
RÉSULTAT NET (en millions d'euros)	319	1 376	1 310	492	1 311	1 125

Mais ce qui déplaît le plus au marché, c'est que la croissance du chiffre d'affaires, qui existe tout de même sur le long terme, si l'on observe le tableau ci-dessus, ne se traduit pas par des marges en croissance. Ainsi, le résultat net, qui a certes flambé dans les années 2000, est aujourd'hui moindre que ce qu'il fut en 2007 ou en 2010 ! Alors que le chiffre d'affaires était environ 20 % en deçà.

Dans ces conditions, il n'est pas étonnant de constater que le titre affiche des fluctuations sans réel parcours haussier sur le long terme. Il vaut un peu plus de 30 € aujourd'hui, soit le même cours qu'en 2010, et moins qu'en 2007/2008 où il avait culminé au-dessus de 60 €, après une belle période de croissance et de hausse des résultats, due à la croissance alors très forte du marché de la téléphonie mobile, arrivée depuis longtemps à maturité.

Pire que cela : le titre est aujourd'hui à un niveau moindre qu'en 2002, puisqu'en avril 2002, il cotait 34 € (mais en octobre 2002, il ne cotait plus que 22 €, l'année 2002 ayant été une année désastreuse pour le CAC 40). Heureusement pour l'actionnaire, on peut dire que Bouygues est une valeur de rendement. En effet, une politique très généreuse pour rémunérer les actionnaires a été entreprise dès l'année 2008. En 2008, le titre offre un dividende de 1,5 €, puis un coupon annuel de 1,6 € de 2008 à 2017, puis de 1,7 € de 2018 à 2021, et enfin, il est de 1,8 € en 2022. Sur les 15 années cumulées, cela donne un dividende de 24,5 €.

Autrement dit, sur le long terme, le rendement gomme complètement le risque actionnarial et rend même le titre attractif pour qui recherche une rente régulière. En comparaison avec le livret A, il n'y a pas photo !

Parcours boursier et rendement

En 20 ans : 1 000 € → 900 €

Un particulier qui aurait placé 1 000 € sur Bouygues en 2002 détiendrait aujourd'hui 900 €. Cependant, le rendement régulier et sûr aurait largement permis de rembourser l'investissement initial.

On notera d'ailleurs que depuis 2008, le dividende n'a pas baissé une seule fois. On peut présumer qu'il y a un effet de cliquet lorsque celui-ci est augmenté ; une sorte d'acquis social pour l'actionnaire... Ce qui signifie que les 1,8 €, au cours actuel, représentent un rendement annuel brut de près de 6 %... C'est tout de même 6 fois plus que le livret A !

L'avis de l'expert

Dirigé par une famille solide et unie épaulée de managers, le groupe Bouygues s'est institutionnalisé. Ce n'est pas aujourd'hui un investissement destiné à rêver ou s'enrichir, mais c'est typiquement un placement de père de famille, qui offre près de 6 % de rendement annuel... à condition de savoir garder le titre sur le long terme, et l'acheter de préférence quand il est bas, sous les 30 €.

La saga
Jean-Claude
Decaux

**Jean-Claude Decaux, 1937-2016,
fondateur du groupe JCDecaux**

La belle histoire

par Yoann Laurent-Rouault

« *Quand on me demande pourquoi j'ai voulu devenir patron, je réponds que c'est parce que j'ai un caractère impossible.* »

Étrange et singulier personnage que Jean-Claude Decaux. Grand patron et milliardaire français, avec une fortune personnelle estimée à près de 5 milliards d'euros à sa mort, en 2016, qui le hisse dans le top 10 des Français les plus riches, il est pourtant difficile de trouver des renseignements sur ce personnage discret et concis.

Parti de rien, sans aide, ni parrainage, ni financement, boudant l'establishment au plus fort de sa réussite, il est pourtant devenu le fondateur d'une entreprise française présente dans le monde entier. Et d'une entreprise à la réputation d'excellence. Passionné de chasse et de pêche, Jean-Claude Decaux était un homme simple qui se tenait le plus éloigné possible de la vie parisienne, des dîners de gala et du « club des milliardaires. » Comme du « Medef ». Comme des médias. Habitant la petite ville de Colombey-les-Deux-Églises jusqu'en 2004, qu'il rénovera à ses frais « par passion envers le général de Gaulle et en hommage », il restera sa vie durant fidèle à ses origines. Fidèle à ses convictions et à ses valeurs. À l'ordre qu'il a établi. Discret sur ses très hautes relations politiques, pourtant essentielles dans son activité, comme sur sa vie privée, cet homme « simple » refusera même la Légion d'honneur, lui conférant une autre valeur que la réussite entrepreneuriale. Décrit comme un travailleur acharné par ses proches comme par ses collaborateurs, tous s'accordent à dire que son entreprise était toute sa vie. S'il a laissé les rênes à ses fils au début des années 2000, Jean-Claude Decaux a continué d'aller au bureau jusqu'au bout, empruntant un ascenseur particulier pour que personne ne le voie. Disparu à 78 ans, après une longue maladie, le fondateur de JCDecaux SA a construit un empire en soixante ans d'activité, sans le moindre diplôme et sans être adoubé par les grandes familles ni la haute finance. Sa réussite hors-norme est partie d'une idée simple, venue en 1964, et expérimentée à Lyon : protéger des intempéries les usagers des bus de ville, en construisant des abris, avec en prime l'idée géniale d'y placarder des affiches publicitaires sur des espaces devenant payants. Non seulement les municipalités n'auront pas à débourser un centime avec le système Decaux, non seulement elles s'équipent en conséquence et gagnent en confort, mais en plus, elles perçoivent une redevance, puisque les annonceurs paient l'équipement. Ses Abribus et son mobilier urbain qui séduiront les villes du monde entier seront le point de départ de la saga Decaux.

L'ambition

« Il portait un nom on ne peut plus français, qu'il a su faire prononcer dans toutes les langues. C'est la plus grande réussite de cet entrepreneur autodidacte, dont le parcours semble un mythe dans un pays où l'ascension sociale se conjugue trop souvent à l'imparfait. »
Cet extrait d'un article de *Paris Match*, paru à la mort du personnage, résume bien son parcours, comme nous l'avons lu quelques lignes plus haut. Continuons sa lecture : *« Élevé par sa grand-mère, comme beaucoup d'enfants de commerçants de l'après-guerre, Jean-Claude Decaux n'a pas perdu de temps. À une époque où la majorité ne s'obtenait qu'à 21 ans, le jeune homme se fait émanciper à 18 ans et parcourt les rues de Beauvais sur sa Vespa verte pour placarder des affiches vantant le magasin parental, puis, très vite, ceux du voisinage. Avec*

300 francs en poche, il crée sa première société, qui installe des panneaux publicitaires sur les autoroutes. » C'est aussi ce que l'on trouve au mot près sur nombre de sites internet à vocation encyclopédique. On apprend aussi dans cet article, et les informations se recoupent encore avec d'autres supports, que les banques de sa ville natale (Beauvais) ne l'ont pas suivi à l'époque. Sauf une, et qui aura fait le bon choix, car le futur milliardaire y gardera un compte toute sa vie. Notre futur grand patron aura hérité, entre autres, de certaines obsessions et principes familiaux qui ne le quitteront jamais. Amusants, faisant partie de la légende du bonhomme, ses tics de comportement sont pourtant assez révélateurs de la personnalité du milliardaire. Comme de la direction qu'il a donnée à ses affaires. La propreté presque à l'excès, l'obligation de porter une tenue extrêmement soignée et une attention toute particulière aux détails. Je cite un autre article : « *Les salariés de Decaux SA disposent toujours aujourd'hui d'un numéro d'alerte pour signaler tout Abribus sale ou abîmé, tandis que chaque visiteur du siège retrouve sa voiture nettoyée en repartant.* » (Source : <u>Paris Match</u>) Ainsi, au siège mondial du groupe, à Plaisir (Yvelines), les voitures doivent-elles obligatoirement être garées dans le parking vers l'avant, afin que les pots d'échappement ne salissent pas les murs.

Chef d'entreprise à 20 ans, quand ses amis finissent à peine leurs études, cet homme qui se qualifiera luimême de « mauvais élève » brûlera les étapes dans à peu près tous les domaines. Marié à cet âge avec Danièle Piraud, il devient père un an plus tard. Ils auront trois fils : Jean-François, Jean-Charles et Jean-Sébastien. Qui aujourd'hui sont à la tête du groupe JCDecaux et qui cumulent 70 % du capital. En 1964 donc, Jean-Claude Decaux a sa grande idée. Il invente les Abribus. Que nous connaissons tous pour y avoir poireauté au moins une fois dans notre vie ou y avoir admiré les jambes d'une jolie fille assise sur le banc bas qui les équipent, depuis une voiture arrêtée au feu. Lyon sera la ville pionnière, suivront rapidement les villes de Poitiers, de Grenoble et d'Angers. La municipalité n'investit pas d'argent public, c'est l'annonceur qui finance le support de sa publicité. Le jeune Decaux vient d'inventer un nouveau métier. Son coup de génie, c'est d'avoir eu l'idée de lier l'offre d'un service destiné aux collectivités à de la publicité. Un modèle qui va faire école, et permettre de conquérir l'Hexagone, malgré les propos hostiles des marquis de l'affichage comme Giraudy, Avenir, ou encore Dauphin. Ils considèreront longtemps et avec dédain cet autodidacte trop ambitieux à leur goût. Un homme qui visiblement ne partagera jamais les « mêmes valeurs » que ces « énarques ». Qui ne fait pas partie du club. En cela, Jean-Claude Decaux m'apparaît comme un « anti-Bolloré ». Decaux gardera toujours une aversion certaine pour cette élite bardée de diplômes et aux carnets d'adresses bien fournis. Si certains de leur supériorité. « *C'est quelqu'un qui juge d'abord les gens sur leurs compétences et non sur leur cursus* », dira Martin Bouygues, un ami de longue date de Decaux. Un des rares parmi les nantis à partager quelques passions avec lui, comme la chasse, par exemple.

JCDecaux en quelques dates

JCDecaux a démarré son activité en France et s'est rapidement implantée à l'étranger avec son premier contrat en Belgique en 1966, puis au Portugal en 1971. En 1981, JCDecaux installe dans les villes françaises des sanitaires publics à entretien automatique. Les premiers sanitaires accessibles aux handicapés seront implantés à San Francisco en 1994. Un défaut cependant pour les utilisateurs pressés : avoir de la monnaie. Un deuxième aussi : réussir à sortir avant l'enclenchement du fameux nettoyage automatique.

La même année, il crée les premiers «journaux électroniques d'information», ces panneaux sur lesquels se forment en lettres lumineuses vertes des messages d'informations pratiques de la municipalité pour ses citadins. Jean-Claude Decaux, dans la logique du paysage urbain amélioré et pratique, collabore avec différents architectes. Jean-Michel Wilmotte (architecte et designer français au rayonnement international) qui signera les colonnes Morris, Norman Foster pour les Abribus (architecte britannique, Foster est l'un des principaux représentants de l'architecture high-tech avec, entre autres, Richard Rogers), et Patrick Jouin (designer des Vélib' notamment) pour les panneaux d'affichage. Ces talents contemporains salariés du groupe comme réponse aux détracteurs cités plus hauts ?

Mais, si ces innovations ont quelque peu assaini l'espace public et introduit une propreté et une sorte de « rangement », cela n'enlève rien à la vue. Au site. Gâché par la photographie géante d'un frigidaire, d'un décolleté ou d'une voiture. Un affichage trop important en surface, comme pour ces enfilades d'Abribus qui monopolisent parfois les trottoirs ou coupent une place de ville.

Le saviez-vous ?

Une colonne Morris est un élément du mobilier urbain initialement parisien, mais présent dans beaucoup de villes françaises. De forme cylindrique, elle sert principalement de support à la promotion des spectacles et des films. L'espace qu'elle abrite est parfois utilisé pour entreposer le matériel de nettoyage de la voirie, abriter des toilettes ou des téléphones publics. En Allemagne, l'invention des colonnes d'information sur les spectacles est attribuée au Berlinois Ernst Litfab qui introduit le principe en 1854, afin de lutter contre l'affichage sauvage et offrir au public des points d'information sur la vie culturelle berlinoise. À Paris, en 1839, le préfet autorise l'installation des « colonnes moresques », à condition qu'elles fassent aussi office d'urinoir. Elles sont améliorées sous Napoléon III, par l'ingénieur Adolphe Alphand, qui les perfectionne en éclairant l'intérieur de la colonne avec un bec de gaz. La construction est ensuite redessinée par l'architecte Gabriel Davioud, qui remplace la maçonnerie par une structure en fonte, mais sa double fonction (affichage et urinoir) continue de poser des problèmes, si bien que le ministre d'État et surintendant général des Théâtres lance un concours pour trouver un nouveau support exclusivement réservé à l'affichage. La surface d'affichage des colonnes Morris est d'environ 4 m². En 1898, il y avait 225 colonnes dans Paris, rapportant annuellement à la ville la somme de 100 000 francs-or. Devenue La Compagnie Fermière des Colonnes Morris, l'entreprise a été rachetée en 1986 par la société JCDecaux. En février 2019, l'entreprise JCDecaux remporte l'appel d'offres pour le changement de 550 colonnes Morris à Paris. Le communiqué de presse de l'entreprise précise que les nouvelles colonnes ont été dessinées et conçues par les designers du bureau d'études de l'entreprise.

Toujours novatrice et gourmande de progrès, JCDecaux installe ses premiers écrans numériques en 1998 dans le métro de Vienne. Le format numérique permet par exemple d'adapter les messages publicitaires en fonction de la date et de l'heure. Et de mieux piéger le consommateur. Ou de mieux l'assommer. Selon.

En 1999, Decaux rachète à Vivendi, pour près de 6 milliards de francs, l'afficheur Avenir, numéro un des afficheurs en Suisse. En 1999 encore, le groupe acquiert HMC (Havas Media Communication) dans le package Avenir. Cette acquisition lui permet de se développer sur les activités grand format et la publicité dans les aéroports.

En 2000, Jean-Claude Decaux confie la direction générale à ses deux fils, Jean-François et Jean-Charles, et il prend la tête du conseil de surveillance. Un an plus tard, JCDecaux holdings fait son entrée en bourse.

En 2005, après avoir éprouvé le système en Autriche et en Espagne, Jean-Claude Decaux déploie les vélos en libre-service à Lyon. Il obtient la concession pour Paris en 2007 et déploie le concept sous le nom de « Vélib' ». Le principe est identique dans toutes les villes : la publicité paie l'installation des services. Les vélos Decaux, présents dans dix pays, ont été loués 200 millions de fois en libre-service. Aujourd'hui, JCDecaux est classée numéro un mondial du vélo en libre-service, avec près de 47 000 vélos en libre-service dans 66 villes dans le monde sous la marque Cyclocity. L'entreprise est présente dans plus de 75 pays et sur 5 continents.

En 2010, JCDecaux a augmenté son parc d'affichage électronique de 40 %, soit un total de 6 500 écrans. Cela ne représente toutefois que 5 % de ses surfaces d'affichage.

En 2011, JCDecaux acquiert Mediakiosk en tant qu'actionnaire majoritaire.

En 2014, la publicité dans les transports a représenté 38,4 % de son chiffre d'affaires. L'appellation Transport regroupe la publicité en aéroport, dans les bus, tramways, métros et taxis. JCDecaux exploite des concessions dans plus de 145 aéroports et plus de 276 métros, trains, tramways et bus.

En 2013, Jean-Claude Decaux quitte la présidence du conseil de surveillance du groupe familial et la confie à son fils Jean-Charles. Son entreprise domine alors le marché. Leader en France sur les marchés du mobilier urbain, des Abribus, de l'affichage et des vélos en libre-service, son partenariat avec Publicis lui permet de rafler le marché des gares, estimé alors à 70 millions d'euros.

En 2016, JCDecaux annonce la fusion de ses activités en Amérique centrale avec Top Media, pour créer un nouvel ensemble appelé JCDecaux-Top Media, détenue à 71 % par JCDecaux.

En 2018, JCDecaux lance une offre d'acquisition sur APN Outdoor, une entreprise australienne spécialisée dans le publicitaire sur l'espace public, pour 830 millions de dollars. Fin 2018, JCDecaux compte plus de 13 000 salariés dans le monde. L'entreprise française a réalisé un chiffre d'affaires de 1 643 milliard d'euros lors du premier semestre 2018. Le groupe est présent dans 4 033 villes de plus de 10 000 habitants dans le monde et il compte plus d'un million de faces publicitaires dans plus de 80 pays. En janvier 2019, JCDecaux annonce avoir signé avec le groupe Kansai Airports sa première exploitation d'un aéroport au Japon pour une durée de dix ans. Le contrat porte sur les aéroports de Kansai et d'Osaka.

Aujourd'hui, en chiffres

Début 2020, JCDecaux annonce un chiffre d'affaires de 3,5 milliards d'euros pour 2019, en progression de 9,6 %. Le groupe subit néanmoins un ralentissement important en Asie. JCDecaux emploie 13 030 personnes dans le monde et est implantée dans environ 75 pays. En France, le groupe emploie environ 3 500 personnes. Son siège social est situé à Neuilly-sur-Seine, en banlieue parisienne. Le site le plus important de France, qui comprend l'atelier de la société, est basé à Plaisir, dans le département des Yvelines, en région Île-de-France. Je lis ceci dans un autre article de presse : « *Jean-Claude Decaux avait dans son bureau, sur une table basse, une carte du monde piquée de petits drapeaux marquant les villes conquises par son groupe. Et l'esprit demeure pour la génération suivante : la conquête, encore et toujours. Le slogan est simple : du travail, encore du travail, toujours du travail. En témoigne l'organisation méticuleuse, quasi militaire, d'une entreprise où chaque affiche est mesurée au millimètre, chaque appel d'offres décortiqué à la virgule près.* » Comme quoi, « les perversions domestiques » peuvent, à terme, s'avérer rentables.

Gagner les appels d'offres

Ne jamais renoncer ! C'est l'une des devises inculquées par Jean-Claude Decaux à ses troupes. Clear Channel, le grand rival d'une époque, l'avait appris à ses dépens. En 2007, c'était le géant américain de l'affichage qui avait remporté l'appel d'offres pour exploiter les futurs et désormais célèbres « Vélib' » à Paris. Meilleure offre et meilleur contexte. Mais les juristes de JCDecaux SA avaient trouvé une faille juridique dans le dossier de leur concurrent (un article mal rédigé), alors le pôle juridique de l'entreprise JCDecaux a saisi le Conseil d'État pour faire annuler l'appel d'offres, avant, bien entendu, de soumettre une nouvelle proposition à prix cassé. Impensable pour Jean-Claude Decaux de perdre la ville de Paris. Un ancien cadre supérieur de Decaux confiera alors aux journalistes à cette époque : « *Pour remporter un marché stratégique, Decaux est souvent prêt à perdre de l'argent, mais, grâce à ses techniques très éprouvées de renégociation de contrats, il a vite fait de se rattraper. Les recettes d'antan, passant par le lobbying auprès des élus, et les nouvelles, comme la guérilla judiciaire, se sont mariées pour permettre à Decaux de l'emporter.* »

L'assiette de l'ascète

Les loisirs n'ont que peu de place dans la vie de Jean-Claude Decaux, c'est un constat unanimement partagé. Chasse, pêche et vélo – et quelques voitures rares – ce sont les seuls « luxes » qu'on lui connaît. « *Dans la chasse comme dans les affaires, il a le même souci du détail et de la performance* », commente par voie de presse Francis Bouygues. Decaux, s'il fuit habituellement le gotha parisien, est pourtant membre du très sélect club « Neuilly Communication », ouvert en 1985 par Nicolas Sarkozy, dont faisaient ou font également partie Nicolas de Tavernost, président de M6, Guy Verrecchia et Alain Sussfeld, les dirigeants d'UGC, ou encore le patron de la Sacem,

Jean-Loup Tournier. Quand Nicolas Sarkozy est élu président de la République, lui et Jean-Claude Decaux se fréquentent déjà depuis quelques années. Rappelons qu'il fut maire de Neuilly et très proche collaborateur de Jacques Chirac, avant de basculer vers le camp Balladur. Et que Decaux était un intime de Chirac et un résident de Neuilly. Decaux faisait d'ailleurs partie du cercle des intimes invités à célébrer la victoire de l'élection présidentielle le 6 mai 2007, lors de la fameuse nuit du Fouquet's. Début de la fin pour le personnage fêté, qui ne parviendra jamais à concilier le peuple et l'élite financière de la nation et ne trouvera malheureusement jamais le bon comportement à adopter. Que voulez-vous : on ne mélange pas les Solex et les Rolex.

Petits services entre amis

La famille Decaux préférera rester discrète sur cette amitié présidentielle, qui deviendra encombrante avec le temps. Au gré des affaires et des crises politiques. Il faut dire que Decaux possédait toute la panoplie utile pour s'attirer les bonnes grâces des élus, accueils et services compris. Pour commencer, « *il avait pour usage d'inviter ses interlocuteurs privilégiés à son siège cossu de Plaisir. Il leur faisait faire le tour du propriétaire, à pied ou en voiture de golf. Il leur dévoilait son showroom, peuplé de versions grandeur nature de ses blockbusters. Puis il les emmenait déjeuner, dans un havre de paix, à l'écart, afin de profiter tranquillement des charmes des lieux. Bertrand Delanoë ou encore Guillaume Pepy, le nouveau président de la SNCF, auraient, parmi d'autres, été invités à ces parties de campagne* ». (Source : L'Express) Où s'arrêtent ces échanges ? S'il est parfois sur la ligne jaune, Decaux n'a été que rarement condamné : il a été reconnu coupable de corruption en Belgique, en 1992, mais le jugement a été cassé en appel cinq ans plus tard.

Nouvelle génération

La nouvelle génération a imprimé un changement au groupe. JCDecaux travaille et vit désormais dans une normalité propre aux grandes firmes. Et nouveauté : la direction communique. Le groupe est présent sur tous les continents, et est aussi très bien placé en Chine et au Japon. Et il le fait savoir. Les fils Decaux sont aussi à l'origine, en 2001, de l'entrée en bourse du groupe. Ils ont fini par convaincre leur père, longtemps hostile à l'idée comme au système. Après ses débuts difficiles, en 2007, Decaux est « *la valeur du secteur des médias qui a le plus progressé (+ 24 %), poussée par les bons résultats du groupe : un chiffre d'affaires de 2,1 milliards d'euros, en hausse d'un tiers par rapport à 2001, pour un résultat de 201 millions en 2006*».

Mais la direction reste sobre devant les chiffres et adopte un schéma de progression utile et modéré. Les investissements sont calculés et font partie d'une stratégie bien étudiée.

« *JCDecaux évite soigneusement toute diversification. Seule exception : Bouygues Telecom, dont le groupe détient 10,5 %. Un investissement réalisé au nom de l'amitié, mais qui s'est révélé extrêmement rentable. On dit également que la maison aurait étudié une reprise de Suez Environnement qui, comme elle, travaille étroitement avec les collectivités locales.* » (Source : L'Express)

Fluctuat nec mergitur

En 1974, Jean-Claude Decaux lance les panneaux de signalisation directionnels (« caissonnés ») avec éclairage intérieur. Ce qui sera une petite révolution urbaine. Et changera aussi à jamais l'aspect des paysages nocturnes urbains. Pour les puristes, il signera avec ce marché la fin du romantisme des vues nocturnes urbaines et renforcera l'idée de consommation de masse. Dès le milieu des années 70, la publicité urbaine à outrance fait l'objet d'une levée de boucliers. Avec raison. Entre l'affichage sauvage et la prolifération de formats d'affichage de plus en plus grands, les villes finissent par ressembler à un magasin en période de soldes. Les bâtiments de France lutteront activement pour préserver une certaine harmonie sur les façades, principalement dans les centres-villes. S'ajoute aussi à cette époque le courant de l'art moderne qui, de sculptures en aménagements de façades, de parcs, de places ou de rues, choque le public « moyen » et provoque la controverse. En 1977, le centre Pompidou, ou en 1983, les colonnes de Buren, par exemple. Sans oublier la pyramide du Louvre, d'où le président actuel nous contemple. N'oublions pas que les monuments du patrimoine ont souvent été la cible des annonceurs. Au même titre que les stars et les sportifs de renom. De 1924 à 1933, 250 000 ampoules scandent la marque Citroën sur la tour Eiffel ! Cette « modernité » a souvent été décriée par des penseurs comme Claude Lévi-Strauss, Soustelle, Troyat, Duras et bien d'autres. Comme l'abus de sexisme dans les publicités affichées en rajoute « à cette vulgarité urbaine », cheval de bataille s'il en est des mouvements féministes. Rappelez-vous les publicités de la marque de lingerie Aubade sur les Abribus, qui ont provoqué des accrochages en série dans les centres-villes afficheurs. Merci, Monsieur Decaux, mon bonus aux assurances ne s'en est jamais remis !

En avril 2017, le tribunal de grande instance de Paris annule la réattribution du marché de l'affichage publicitaire à Decaux, pourtant obtenue auparavant. La maire veille. Chirac est tout comme Decaux, parti dans l'au-delà. Les temps changent. De 1964 à 2018, l'électricité des panneaux de JCDecaux dans la ville de Lyon est payée par la municipalité en raison de ce qui aurait été un oubli de facturation. Le rappel de facture est salé. L'opposition municipale très énervée. Le contribuable aussi. Citons encore ceci, une déclaration d'une élue verte de la capitale, cette fois : « *Il y a beaucoup de contrats qui ont été attribués à JCDecaux de manière opaque et pour des durées interminables ! Quand, au terme du contrat de vingt ans, le marché des colonnes Morris a été renégocié avec Decaux, les revenus de la ville de Paris ont été multipliés par six !* » Vrai ou faux, exagéré ou non, il s'agit d'argent public.

Et en cela, c'est gênant. Même si l'on considère que les municipalités et l'État sont traditionnellement gourmands, voire voraces. Et comme Bolloré, Decaux n'a pas fait d'omelette sans rayer la poêle. Et puis, l'heure est à l'écologie. Et Decaux est né dans le cycle de la consommation, tant énergétique que commerciale. Banni aujourd'hui. Les vélos ne rachètent pas tout, et à terme, le risque est de se retrouver pédales et pieds liés. Parce qu'il faut reconnaître une chose aux élus verts dans l'ensemble : ils sont jusqu'au-boutistes.

JCDecaux à l'international

Début 2019, JCDecaux compte onze aéroports sous concession dans la région Asie-Océanie. Le groupe réalise plus de 77,9 % de son chiffre d'affaires à l'international. Pour 2021, on annoncerait des licenciements et des plans sociaux, en partie liés aux répercussions de la crise du Covid.

Grâce à son partenariat avec Wall AG, le groupe s'implante en Allemagne en 1982, en Turquie en 1996, au Luxembourg en 1985, aux Pays-Bas en 1986, en Finlande et en Suède en 1989, en Espagne et en Slovaquie en 1990, en République tchèque en 1995, en Norvège en 1998, en Irlande et en Pologne en 1999. Le groupe est présent au Royaume-Uni depuis 1984 en tant que leader du marché de la communication extérieure. Il est aussi présent dans les Pays baltes : en Ukraine et en Bulgarie en 2007 et en Hongrie en 2012. Il est également implanté au Danemark (AFA JCDecaux) dès 1989, en Italie

(IGPDecaux) dès 1995, en Islande (AFA JCDecaux Islande) dès 1998, en Suisse (APG SGA) dès 1999, en Autriche (Gewista), en Croatie et en Slovénie (Europlakat) dès 2001, en Serbie (Alma Quattro) dès 2003 et en Russie (Russ Outdoor) dès 2007 grâce à des prises de participations. Et pour finir, au Canada depuis 2002.

JCDecaux est présent aux États-Unis depuis 1993, dans certaines grandes villes américaines et dans 26 aéroports, dont ceux de Washington DC, de New York, de Boston et de Los Angeles. Le siège de la branche se trouve à New York sur Park Avenue.

Le groupe s'est aussi implanté au Brésil et en Argentine en 1998, en Uruguay en 2000 et au Chili en 2001. En 2013, il fait son entrée au Mexique, Guatemala, Costa Rica, El Salvador, Panama et République dominicaine. Puis il s'implante au Pérou en 2014 en remportant l'aéroport international de Lima. JCDecaux s'implante dans quatre pays d'Afrique : l'Algérie en 2007, le Cameroun en 2011, l'Afrique du Sud en 2011 et la Côte d'Ivoire. Au Moyen-Orient, il est présent au Qatar depuis 2006, aux Émirats arabes unis depuis 2007, en Israël depuis 2008, en Arabie saoudite depuis 2010, en Azerbaïdjan et à Oman depuis 2012.

En Asie et Océanie, JCDecaux est implanté en Australie depuis 1997. Sur le continent asiatique, il est présent à Singapour comme en Thaïlande depuis 1999, au Japon depuis 2000 sous le nom de MCDecaux et en Corée du Sud depuis 2001. Il s'implante en Chine en 2004 avec 7 aéroports, dont Shanghai et Pékin. Le groupe est également ment présent en Inde depuis 2006 comme en Ouzbékistan la même année et au Kazakhstan ainsi qu'en Mongolie.

Decaux, une histoire française à l'américaine

L'autodidacte, le self-made-man, le roi de la sanisette, l'empereur des Abribus... Les surnoms et les qualificatifs plus ou moins sympathiques n'ont pas manqué à

Jean-Claude Decaux durant sa longue carrière. Souvent décrié par ses pairs, considéré comme un «paysan» parmi les princes, absent des grandes réunions de prestige comme de la presse people, le bonhomme a pourtant fait son chemin. Dans ce livre, trois personnages et trois histoires en particulier me touchent beaucoup plus que celle d'un Bolloré ou d'un Arnault, par exemple. Celle d'Yves Rocher, celle de Paul Ricard et celle de Jean-Claude Decaux me parlent davantage. Parce qu'ils ont mené leurs affaires sans faire trop de dégâts ni de vagues, qu'ils ont su se jouer des contextes nationaux et internationaux, parce que c'était des passionnés et qu'ils ont respecté les schémas sociaux et salariaux, et surtout parce qu'ils ont réussi là où l'évidence était telle que personne n'a osé la saisir au vol avant eux. Inventifs, bosseurs, opportunistes, entêtés, certainement un peu fous, pourtant, grâce à eux, des milliers de gens ont eu du travail. Et l'économie de notre pays tout entier ne s'en est que mieux portée. Et nul ne peut ignorer l'existence de leurs enseignes respectives. Ensuite, ils incarnent une réussite à la française, comme les Américains nous la vendent depuis que le Mayflower s'est garé sur la plage. Ces grands patrons racontent une histoire sans puits de pétrole, sans buildings et sans limousines. Certainement avec cigares, mais plus cognac que whisky. Et ça fait du bien au moral. Surtout dans la France d'aujourd'hui, qui peine à se trouver des locomotives pour accrocher ses wagons et une destination pour son train. Même si je ne suis pas naïf au point d'oublier que des zones de gris existent dans le tableau.

Un autre homme, que j'admire profondément, dans un tout autre domaine, René Goscinny, énormissime succès s'il en est, incarne, lui aussi, une réussite financière extraordinaire. Rien que pour *Lucky Luke* et *Astérix*, nous parlons de plus de 800 millions d'albums vendus dans le monde ! Ce qui en fait, en termes de tirage, le premier écrivain français. Il a un jour, dans le journal *Pilote*, au

fait de sa gloire, publié des séries de CV fantaisistes. L'un de ces CV commençait ainsi : « *Jeune homme, alors que je déambulais les mains dans les poches et dans le froid glacial de l'hiver sur les quais du Havre et que je me demandais ce que j'allais bien pouvoir faire des trois paquebots que papa m'avait légués, que je ne connaissais rien aux affaires et encore moins à la banque privée de maman, j'étais désemparé. Heureusement, à force de travail et de patience, je m'en suis sorti.* »
Voilà, pour moi, tout ce que Jean-Claude Decaux, Paul Ricard, Yves Rocher, ou encore Édouard Leclerc n'incarnent pas. Aussi, ces réussites sont d'autant plus belles. Mais cela n'engage que moi...

L'analyse économique
par Jean-David Haddad

Contexte économique et capitalistique

Jean-Claude Decaux, né en 1937 à Beauvais et mort en 2016 à Neuilly-sur-Seine, est un homme parti de rien. Fils de petit commerçant, il fonde en 1955, à 18 ans donc, sans passer par la case HEC ni ENA, mais par la case débrouille, une entreprise de placards autoroutiers, alors que c'est le début des constructions d'autoroutes en France.

À l'instar des fondateurs du groupe Accor, il a profité des Trente Glorieuses, de l'exportation de ce qui faisait recette aux États-Unis, et a pu profiter avec talent d'un marché neuf sur lequel il s'est montré particulièrement inventif, en pensant, par exemple, l'affichage urbain, avec un nouveau concept qui consiste à offrir aux municipalités des abris d'autobus entièrement financés par les annonceurs publicitaires.

L'entreprise s'est développée à son rythme, régulièrement, tout au long de la vie de monsieur Decaux, qui a commencé très jeune. Passant des caps significatifs, année après année, décennie après décennie, s'adaptant au contexte changeant des années 70, puis 80, puis 90, sans jamais se renier, le groupe JCDecaux s'est introduit en bourse en 2001, avant que le patriarche, alors âgé de 64 ans, ne cède sa place à ses trois fils.

Son histoire a été contée ci-dessus. Celle de son entreprise, qui porte encore aujourd'hui son nom et son prénom, ce qui est plutôt rare en France à part dans le domaine du champagne ou de l'édition, est celle d'une société qui fait honneur à la France, qui s'est installée dans notre quotidien à tous, que l'on circule à pied, en vélo, en voiture ou en transports... La fortune s'est bâtie progressivement, et l'introduction en bourse est finalement arrivée assez tardivement (après 46 ans d'existence), mais a donné à cette entreprise familiale un véritable ancrage dans le monde financier. Et une valorisation objective, faite par le marché.

Aujourd'hui, le groupe JCDecaux pèse en bourse 4,5 milliards d'euros. La famille fondatrice et éponyme du groupe en possède, via sa holding, près de 65 %, ce qui lui confère une fortune de 3 milliards d'euros environ. Classant cette famille dans les quelque cinquante milliardaires français...

Bourse et finances

Disons-le d'emblée, le titre JCDecaux n'a jamais brillé en bourse. C'est peut-être dû au fait que l'entreprise, comme indiqué ci-dessus, a été introduite tardivement dans sa vie, à une époque où le plus gros de sa croissance a été réalisée, que le titre n'a pas produit d'éclats.

L'introduction a été réalisée à 16,5 € par action, au pire moment, puisque les attentats du 11 septembre qui ont suivi ont plombé l'ensemble du marché. Le titre est alors descendu jusqu'à 7 € début 2003, un niveau vite oublié au milieu des années 2000, mais revu cinq ans plus tard, avec la crise financière de 2008. Ce n'est que sur les années suivantes que ce titre a pu réellement prendre un certain envol, montant à un cours maximum de 41 € en 2015. Avant de baisser année après année. Il vaut la moitié de ce sommet de 2015 aujourd'hui, et ne vaut que 1,27 fois son cours d'introduction en bourse aujourd'hui. Des dividendes ont été servis, mais pour autant, on ne peut pas qualifier cette action de valeur de rendement.

Le titre n'a pas beaucoup varié ces derniers mois, et mi-2021, donc 20 ans après l'entrée en bourse, le gain pour l'actionnaire de départ était de 40 % environ plus des dividendes.

Parcours boursier et rendement

En 20 ans : 1 000 € → 1 400 €

Un particulier qui aurait placé 1 000 € sur JCDecaux à l'introduction en 2001 détiendrait, vingt ans après, 1 400 €. Il aurait vu son placement monter, puis baisser, puis remonter, puis rebaisser sans jamais vraiment s'envoler.
Quelques dividendes ont été servis mais n'ont jamais fait de JCDecaux une valeur de rendement.

Comme indiqué ci-dessus, l'entreprise JCDecaux a réalisé le plus gros de sa croissance au XXe siècle, donc avant d'être introduite sur la Bourse de Paris.

Depuis vingt ans, on ne peut pas vraiment qualifier l'entreprise de valeur de croissance. Ou, du moins, on peut difficilement parler de croissance régulière.

Pourtant, nous avons affaire au leader mondial de la communication extérieure dont seulement 20 % du chiffre d'affaires est réalisé en France. Le marché valorise bel et bien JCDecaux comme un leader. En effet, avec 4,5 milliards de capitalisation boursière, le groupe vaut près de 30 fois ses bénéfices estimés pour 2022.

Mais l'action ne décolle plus vraiment, elle fluctue car elle se paye cher et que la croissance n'est pas régulière.

ANNÉE	2002	2006	2010	2014	2018	2021
CHIFFRE D'AFFAIRES (en milliards d'euros)	1,57	1,95	2,35	2,81	3,18	2,52
RÉSULTAT NET (en millions d'euros)	26	201	173	215	220	-14,5

Bien que le chiffre d'affaires ait doublé entre 2002 et 2018, les marges ont quant à elles fluctué. Ainsi, à partir de 2006, on note, en analysant le tableau ci-dessus, que les recettes augmentent, mais pas les bénéfices. Puis la crise sanitaire a fait plonger le groupe dans un lourd déficit en 2020, duquel il s'est partiellement sorti seulement en 2021, les résultats demeurant dans le rouge, et le chiffre d'affaires restant bien en dessous de 2018 et juste au-dessus du niveau de... 2010.

L'entreprise ne fait pas partie du CAC 40, ça n'a jamais été le cas. Elle fait en revanche partie de la composition de l'indice SBF 120.

L'avis de l'expert

JCDecaux reste un groupe familial, géré par une famille. C'est une très belle réussite entrepreneuriale dont la France peut être fière. L'intérêt de l'action, en bourse, est limité, car les résultats du groupe sont fluctuants et cela est dû à son marché. Néanmoins, sa belle diversification internationale réduit son profil de risque. Au final, JCDecaux est une action à acheter en période de grosse crise et à revendre dès qu'elle reprend des couleurs, car le titre a pour habitude de bien dévisser et ensuite de rebondir.

La saga « Iliad »

Xavier Niel, né en 1967,
fondateur d'Iliad, PDG jusqu'en 2018

La belle histoire

par Yoann Laurent-Rouault

Xavier Niel est né le 25 août 1967 à Maisons-Alfort dans le Val-de-Marne. Il est l'un des milliardaires français les plus médiatiques et, par ses prises de position sociétales et financières, est aussi l'un des plus controversés. Nous le connaissons essentiellement pour avoir fondé la société Iliad, groupe de télécommunications, maison-mère du fournisseur d'accès internet « Free » et de l'opérateur de téléphonie mobile du même nom.

Il est le premier en France à avoir opéré une « révolution » des offres internet, regroupant l'essentiel des besoins en communication et des accès numériques des foyers français comme des entreprises. Cette révolution « discount » et pratique a ouvert un boulevard à sa société comme à son ingénierie.

Le concept de la « box » fait désormais partie de notre quotidien. Et il n'a que 20 ans.

Mais cette idée pratique et généreuse au départ, appuyée par une communication agressive, a aussi ses faiblesses, comme le personnage a sa part d'ombre.

Ce virage du « tout numérique » pris il y a deux décennies a occasionné un changement radical des habitudes de consommation et des mœurs des Français, et ce sans encadrements efficaces, et sans prévenances ni contrôles. La boîte noire a révolutionné les rapports sociaux, familiaux, et bouleversé le commerce comme la finance. C'est certainement, avec la téléphonie et l'informatique, l'une des inventions les plus importantes de ces 50 dernières années. Mais où cela nous conduira-t-il ? Vers quel type de société ?

I am « Free » ?

« Quand les journalistes m'emmerdent, je prends une participation dans leur canard, et après, ils me foutent la paix. » (Source : extrait d'un article du *Monde diplomatique* de juin 2011.)

Xavier Niel est également, à titre personnel, l'actionnaire principal de son groupe et copropriétaire du groupe « Le Monde ».

Ma première critique sur le phénomène « Niel », puisque l'on s'accorde à dire que c'en est un, et nous l'avons constaté dans plusieurs portraits de ce livre, est qu'il fait partie de ces milliardaires « multicartes ». Par goût du profit, du pouvoir ou par mégalomanie, ils investissent les secteurs de la culture et de l'information, privilégiant la rentabilité. Pour qui était un lecteur assidu du journal *Le Monde* il y a quelques années encore, le comparatif entre l'avant et l'après de l'édition est révélateur du phénomène. Comme pour Canal+, TF1 ou autres organismes qui se sont vus être pris d'assaut par des milliardaires. Tous les secteurs culturels, c'est-à-dire la presse, la télévision comme l'édition, qui devraient avoir conservé une indépendance et une liberté pleine et entière dans leurs choix éditoriaux, sont aujourd'hui « colonisés » par la finance et la commercialisation à outrance. Comme par la mondialisation. En matière de programmation ou d'édition, on va aujourd'hui chercher à l'étranger ce qui pourrait plaire au Français...
Et pour en revenir à l'information, et à la culture, brûlez ce livre si vous n'êtes pas convaincu du fait que ces deux secteurs doivent rester indépendants à tous points de vue. Il ne me viendrait pas à l'idée de confier mon tibia fracturé à un garagiste, même s'il était agréé par mon assurance sociale.

« Free » était une grande idée, plutôt généreuse au départ, accessible à peu de frais, à tous, ou presque. Casser les prix pour casser les monopoles. L'idée était populaire et sympathique. Mais cette idée, déclinée au maximum par ses concurrents commerciaux, comme par le groupe lui-même pour justement répondre à cette concurrence, est devenue aujourd'hui omniprésente et écrasante. Presque « nouvellement éducative » pour les foyers français. Et, j'irais même plus loin, presque abusive. Dominatrice. Tueuse de l'Ancien Monde, et ceci sans prendre le temps d'organiser son enterrement. Free est un bouquet dont on ne choisit pas les fleurs. J'ai constaté, comme nombre de consommateurs depuis quelques années, qu'il suffit d'aller sur les forums dédiés pour constater que cette entité est maintenant engoncée dans des processus commerciaux et des protocoles techniques qui n'ont rien à envier à ceux de la médecine actuelle ou de l'administration fiscale.

Une autre question : qui aujourd'hui peut entamer des démarches administratives, commerciales, de consommation ou autre, sans avoir un clavier à sa disposition et la connexion qui va avec ? Merci Free. Et les autres. Nous sommes à une époque formidable où un téléphone portable peut servir d'alibi à un criminel avec sa géolocalisation. Où le commerçant de proximité crève doucement face aux plateformes commerciales numériques. Belles progressions technologiques qui me pousseraient à vénérer mes silex… Ensuite, en tant que parent, je me pose souvent la question de savoir ce que mes chères têtes blondes regardent sans moi. Ou écoutent. Là aussi, on a appâté le consommateur avec des offres à n'en plus finir. Et il n'y a rien d'efficace de « vendu » pour protéger les plus faibles psychologiquement parlant, ou les plus jeunes, de la violence d'Internet. Pourtant, avec ces profits claironnés en place publique, on pourrait imaginer que ces fournisseurs pourraient faire un effort, non ? Alors oui, mon respect pour cette industrie est limité.

Zorglub & Big Brother

Nous constatons aussi bien avec le phénomène des chaînes d'informations en « non-stop » qu'avec l'absence « physique » des fonctionnaires et des employés des institutions essentielles qui sont maintenant *« on line »*, puisque les guichets disparaissent peu à peu, que la révolution internet, c'est aussi ça. L'absence de l'humain dans le discours, comme dans l'échange, comme dans l'explication et dans la démarche, ce qui, si l'on y réfléchit deux secondes, est non seulement dommageable pour la raison, mais aussi dangereux pour l'équilibre des choses. L'espionnage, la surveillance, le vol de données sont aussi de la partie. Le système est devenu intrusif. Coloscopique, même.

Le « tout numérique » a des limites qu'il ne reconnaît pas. L'aseptisation de la société comme le concept de « la vie à tout prix » et de la sécurité à outrance, bref l'idée de l'antivirus permanent, physique comme numérique, passe par cette révolution « internet », promue, dans notre pays, par le groupe Iliad et ses « collègues ».

Iliad, c'était à la base le nom poétique donné à la fameuse épopée du légendaire Homère de la Grèce Antique. Et puisqu'il est communément admis de reconnaître que ce sont les Grecs anciens qui ont inventé la littérature, et que, par là, ils ont influencé dès leurs premiers écrits les sociétés humaines sur les trois millénaires suivants, par association d'idées, toujours, nous pouvons là envisager le destin que le fondateur de cet « Iliad moderne » espère pour ses produits.

Le saviez-vous ?

Xavier Niel est à l'origine de la création en 2006 de la Fondation Free. L'objectif de la fondation est de réduire la fracture numérique.

3615 Iliad

En 1983, encore lycéen, Xavier Niel doute peut-être en proie aux tracas légitimes liés à l'adolescence, se lance dans la messagerie cupidonesque et numérique : le Minitel rose. Puis, comprenant que le virtuel ne fait pas tout, il investit alors dans des peep-shows et des libraires érotiques, c'est-à-dire des sex-shops, puisque c'est le terme consacré en dehors des pages jaunes et du catalogue 3 Suisses (cf. les masseurs de joues). Il développe rapidement son astucieux commerce et achète une licence de presse afin de pouvoir devenir éditeur de services. Il détournera sa fonction première en y adjuvant des services commerciaux, et s'engagera corps et âme dans le secteur du sexe numérique, de la messagerie intime et de la misère affective de ses contemporains. Et cela fonctionnera plutôt bien, notre futur milliardaire deviendra millionnaire à 24 ans seulement. En 1990, Xavier Niel rachète 50 % de Fermic Multimedia, un éditeur de services de Minitel rose, et il le rebaptise « Iliad ». Il est aussi à l'origine des produits lancés par le groupe Iliad, et notamment le service « 3617 Annu » en 1996 ou encore le site « societe.com ». En 1995, Iliad investit dans le premier fournisseur d'accès à Internet grand public en France, Worldnet. En 1999, le groupe développe une offre d'accès à Internet sous le nom de « Free », en cherchant à faire passer par la même ligne une offre de téléphonie et de télévision, ce qui suppose d'utiliser un boîtier électronique. Il fera mettre au point la fameuse « Freebox ». Elle sera lancée en 2002. Avec les offres commerciales qui l'accompagnent. Et le succès commercial que l'on connaît. En mai 2018, Xavier Niel transfère la quasi-totalité de ses actions d'Iliad, soit un peu plus de 50 % du capital d'Iliad, dans une holding. On estimera les fonds de cette structure à environ 5 milliards d'euros.

Force est de reconnaître qu'Ulla s'est fait un beau bas de laine depuis ses débuts chaotiques !

Je lis : « *L'année 2018 voit le cours de l'action Iliad s'effondrer, passant de 212 € en janvier 2018 à 95 € en novembre 2018. Fort de la restructuration de son patrimoine, via sa nouvelle holding HoldCo, Xavier Niel reconquit les marchés et se renforce au capital d'Iliad. En novembre 2019, il rachète au prix de 120 € plus de 11,7 millions d'actions Iliad (soit 20 % des titres de la société) via une opération publique de rachat d'actions. Il augmente son contrôle, passant de 52 % à 72 % des parts. Dans le même temps, il projette d'augmenter le dividende d'Iliad à 2,6 € par action au lieu de 0,9 € auparavant. Cette augmentation lui permettant un gain d'environ 110 millions d'euros au titre de l'année 2019.* » (Source : Wikipédia)

Presse et médias

En 2010, le groupe se diversifie et investit dans plusieurs start-up liées à l'information en ligne (Mediapart pour la plus connue), la technologie (Ateme) ou la musique (Deezer). Cette même année, il investit l'information et la presse écrite en s'associant avec Pierre Bergé et Matthieu Pigasse pour prendre le contrôle du quotidien *Le Monde*. Il est également membre de la holding d'investisseurs « Free Minds », parmi lesquels figurent Charles Beigbeder ou encore Marc Simoncini (fondateur de Meetic). En 2016, il lance Mediawan. En 2017, il acquiert 40 % des parts du *Nouveau Magazine littéraire*. En 2020, il rachète au travers de sa holding personnelle le Groupe Nice-Matin, qui possède également 11 % du journal marseillais *La Provence*. La même année, il rachète le quotidien *France-Antilles* et le quotidien de sport hippique *Paris-Turf*. En parallèle, de nombreux investissements sont faits dans des start-ups. La cartographie de ces investissements semblerait, d'après différentes sources, complexes à établir. Le tout passant par un fonds d'investissement créé en 2010. Fonds d'investissement qui a pour objectif d'investir à travers le monde dans 50 à 100 start-ups par an. Les participatifs du groupe porteraient sur presque 800 entreprises du web en 10 ans.

Xavier Niel sait s'entourer, et la plupart de ses partenaires sont de grands noms « historiques » du Web, comme le fondateur d'« Allociné », de « Meetic » ou d'autres institutions numériques. L'idée dominante est toujours d'associer services et nouvelles technologies. Du ticket-restaurant dématérialisé en passant par le loisir, la réservation, à la messagerie, à l'achat en ligne, à l'information ou au service à la personne et, bien sûr, le commerce *on line*. Le fonds d'investissement qui lui est lié serait le plus actif au monde dans le domaine. En revanche, les investissements dans l'exploitation minière (de la bauxite) en Guinée s'avèreront tout aussi polémiques que mal menés. Pour le fisc français comme pour le gouvernement de Guinée.

Ces start-ups à vendre, ou à financer, sur l'idée de leurs créateurs (souvenez-vous du fameux « 1 minute pour convaincre ») répondent à la mouvance actuelle, qui est un savant mélange d'études et de déductions sur les comportements des consommateurs, des mœurs et du goût du « clés en main » de l'époque, de la peopolisation du commun et du gadget et du service après-vente du gadget comme de sa protection et de son entretien. Sans oublier bien évidemment des secteurs porteurs, comme le sondage d'opinion et l'information orientée. Et l'écologie d'entreprise, si je puis dire, n'est pas en reste, puisqu'en 2017, en présence du président de la République, il inaugure la fameuse Station F, le plus grand incubateur connu de jeunes pousses.

Le saviez-vous ?

Station F est un campus de start-ups, inauguré le 29 juin 2017, réparti sur 34 000 mètres carrés et situé dans la Halle Freyssinet, à Paris. Il a été créé par Xavier Niel. Il s'agirait du plus grand campus de start-ups au monde. De même qu'en 2011, il s'est « associé avec Jacques-Antoine Granjon (Vente-privée.com), Alain Malvoisin (Fondateur des cours Fidès) et Marc Simoncini (Fondateur de Meetic et Jaïna Capital) pour créer l'École européenne des métiers de l'Internet (EEMI), école privée destinée à former les étudiants aux métiers du Net. Pour les plus notables des investissements dits « éducatifs. »

1990, c'est l'ère des communications

Et l'idée a fait son chemin en dehors de la FM. Iliad, c'est avant tout les télécommunications. Et des enjeux financiers importants. Comme dans presque tous les secteurs, les achats-ventes se sont succédé, se succèdent et se succèderont au nom de la plus-value et sous l'impulsion des marchés. Iliad comme les autres groupes s'en donnent à cœur joie. Parmi, les « coups » les plus remarquables, citons : en 2014, le rachat de 55 % de Monaco Telecom pour 322 millions d'euros à Cable & Wireless Communications, et pour 2,3 milliards d'euros, Orange Suisse (Salt). En 2015, le groupe achète des options d'achat pour 225 millions d'euros, soit potentiellement 15 % du capital de Telecom Italia. S'ensuivront les Comores, Chypre (à 100 %), le Sénégal, Vodafone Malta, l'opérateur polonais Play, leader du marché mobile polonais, une opération qui se chiffre à 2,2 milliards d'euros. Non mais « allô », quoi...

Le saviez-vous ?

Xavier Niel est propriétaire de nombreux biens immobiliers, parmi lesquels le golf du Lys-Chantilly, l'hôtel 5 étoiles L'Apogée à Courchevel, l'hôtel Coulanges de la place des Vosges, il est également associé dans plusieurs investissements immobiliers divers (commerces, bureaux, logements). On estime son patrimoine immobilier à plus d'un milliard d'euros.

Coin cuisine

Les affaires judiciaires vont souvent de pair avec les affaires financières. Xavier Niel n'échappe pas à la règle. En 2004, il sera mis en examen et placé en détention provisoire pour « proxénétisme aggravé et recel d'abus de biens sociaux » concernant un de ses « peep-shows ». Le 30 août 2005, une ordonnance de non-lieu est rendue en sa faveur concernant les accusations de proxénétisme. Mais il est condamné le 27 octobre 2006 à deux ans d'emprisonnement avec sursis et à 250 000 euros d'amende par la 11e chambre du tribunal correctionnel de Paris pour le recel d'abus de biens sociaux datant de cette période. À la suite de cette affaire, Xavier Niel attaquera plusieurs fois en diffamation le journal *Libération* pour avoir évoqué ses démêlés judiciaires. Mais Xavier Niel et la société Free seront déboutés systématiquement lors des procès qui suivront et seront condamnés à verser des dommages et intérêts à *Libération* pour procédures abusives.

Fortune

Selon le magazine *Challenges*, en juillet 2020, Xavier Niel et sa famille disposeraient d'une fortune de 9 milliards d'euros. Sa fortune est fortement remontée en 2020, Forbes le classant 253e fortune mondiale et l'une des plus grandes fortunes de France.

En conclusion

Xavier Niel est un personnage atypique du monde de l'entreprise et de la finance, autant détesté qu'apprécié, comme beaucoup de ses homologues milliardaires. Il représente pourtant une nouvelle élite française à l'international, et il est considéré comme un homme de progrès et d'innovation. Turbulent, joueur, hâbleur même, il ne s'encombre pas avec le protocole.

Il a démocratisé les accès à la téléphonie mobile et au numérique, il a investi sans cesse dans les nouveaux métiers du numérique, il aide aux développements et au rayonnement de la France dans le domaine, mais, pour beaucoup, il reste un apprenti sorcier.

Un homme contrasté, voire sulfureux, aux appétits féroces et aux amitiés comme aux goûts complexes. À suivre...

L'analyse économique

par Jean-David Haddad

Contexte économique et capitalistique

Les années 1990, se prolongeant jusqu'au début des années 2000, ont été, à ce jour, dans l'Histoire, les dernières occasions de monter des empires en partant de rien. Comme au bon vieux temps. Des empires qui se sont construits parfois très vite, à la vitesse d'un coup de fil ou de quelques clics sur Internet. Les Américains l'ont bien compris. Toutes les plus grandes fortunes du pays de l'Oncle Sam sont aujourd'hui celles de quadragénaires ou quinquagénaires qui avaient en moyenne la trentaine au passage du millenium. Citons des personnages comme Jeff Bezos, Elon Musk, etc. La téléphonie portable et l'Internet ont été des révolutions technologiques aussi puissantes que l'électroménager, l'informatique et la télévision un demi-siècle plus tôt, ou l'automobile et l'aviation un demi-siècle encore avant. Ce sont des révolutions dignes des fameuses grappes d'innovations de Schumpeter. Selon ce célèbre économiste autrichien, ce sont les innovations qui provoqueraient la croissance tous les 40 ou 50 ans, puis ces mêmes innovations qui finiraient par détruire des emplois. Les innovations arriveraient en grappe, dans plusieurs secteurs en même temps par effet de contagion, puis se propageraient dans l'économie. L'idée est qu'à chaque fois, les innovations créent des emplois qualifiés (par exemple, le métier d'informaticien a été créé assez récemment), mais détruisent des emplois non qualifiés, car la machine remplace l'Homme : par exemple, les filles qui étaient au standard pour vous passer un numéro quand vous appeliez à l'étranger en PCV... Disparues ! Tout se fait instantanément par la magie du numérique.

Ainsi, des entrepreneurs audacieux qui prennent des risques parviennent à faire fortune dans ce contexte. Tandis que d'autres essayent, mais n'y parviennent pas. Ceux qui y parviennent ont bien sûr une part de chance, comme à une élection, ils sont élus par l'histoire, en quelque sorte. En France, c'est ainsi que sont nées quelques très grandes fortunes, issues non pas d'empires familiaux comme cela est souvent le cas chez nous, mais de rien, sinon de l'audace, la chance, la volonté.
C'est dans ce cadre qu'ont émergé des noms, alors inconnus mais devenus aujourd'hui familiers, comme Xavier Niel, Patrick Drahi, Marc Simoncini, etc.

L'histoire de Xavier Niel a été contée ci-dessus. Celle de son entreprise, nommée Iliad, est celle d'une société qui a grandi très vite, à la fois par croissance interne, externe, financement, augmentations de capital, etc. La Bourse aura été un beau vecteur de propulsion de Xavier Niel au rang de très grosse fortune.

Bourse et finances

Le groupe Iliad, devenu aujourd'hui sixième groupe de télécommunication européen avec 42 millions d'abonnés via ses filiales en France, Italie et Pologne (à la suite du rachat de l'opérateur polonais Play en 2020 et du fournisseur d'accès à Internet UPC Poland en 2021), a été introduit en bourse en 2004, sur une valorisation de 720 millions d'euros. Le grand public pouvait souscrire. Aujourd'hui, Iliad n'est plus cotée en bourse. L'action a été retirée du marché en septembre 2021, par une offre de retrait initiée par Xavier Niel. Pour un prix de 182 € par action, valorisant ainsi l'entreprise à 10,8 milliards d'euros.
Iliad n'a jamais fait partie du CAC 40. L'entreprise avait pourtant tout à fait les capacités d'en être, mais n'a jamais été sélectionnée. Est-ce la raison pour laquelle son

fondateur a décidé de ce retrait ? Toujours est-il qu'il lui a coûté cher, puisque monsieur Niel a dû, directement et via sa holding, racheter les minoritaires. Il détient désormais plus de 96 % du capital d'Iliad.

Ainsi, le particulier qui aurait participé à l'introduction en bourse en 2004 et qui aurait gardé au chaud ses actions pendant 17 ans, dans un PEA, par exemple, verrait sa mise être multipliée par 15. Il aurait été obligé de céder ses actions in fine, puisque le retrait a été obligatoire.

Parcours boursier et rendement

En 17 ans : 1 000 € → 15 000 €

Un particulier qui aurait placé 1 000 € sur Iliad à l'introduction en 2004 détiendrait en septembre 2021, date du retrait obligatoire, 15 000 € ; plus quelques dividendes, bien qu'Iliad n'ait jamais été une valeur de rendement. Cependant, par rapport au cours de bourse de 2004, les derniers dividendes étaient tout de même très conséquents.

Iliad est une entreprise qui a tiré profit de ce que la Bourse a pu lui apporter pendant 17 ans : notoriété, légitimité, accès aux financements, etc. Et tout en restant majoritaire dans le capital, Xavier Niel n'en a jamais perdu le contrôle, même si des managers en ont pris le commandement.

À présent que la croissance a été faite et réalisée, avec l'aide de la Bourse, les aléas du marché boursier étaient peut-être devenus une contrainte, un frein pour grandir encore, et donc le retrait a eu lieu.

Les particuliers n'ont pas été lésés, bien au contraire. Des richesses ont même pu se construire grâce à cette action.

Si son parcours a été si généreux, il faut savoir que le marché ne fait pas de cadeaux, et que cela a obéit à une logique de forte croissance de l'entreprise, comme le montre le tableau suivant :

ANNÉE	2005	2010	2014	2017	2020
CHIFFRE D'AFFAIRES (en milliards d'euros)	0,72	2,03	4,16	4,98	5,87
RÉSULTAT NET (en millions d'euros)	69	313	278	397	427

Un chiffre d'affaires multiplié par 8 sur la période, un résultat net multiplié par 6... et un titre multiplié par 15, ce qui veut dire que les ratios de valorisation se sont appréciés, car l'entreprise a su attirer, au fil des années, la confiance des investisseurs. Et ils ont été récompensés. Du « win-win », ou « gagnant-gagnant » en français.

Aujourd'hui, il n'y a pas d'avis à donner sur l'action vu que cette dernière n'est plus cotée et donc plus achetable pour les particuliers...

La saga de l'entreprise Michelin

**André Michelin, 1853-1931,
co-fondateur de l'entreprise Michelin**

La belle histoire

par Yoann Laurent-Rouault

Nunc est Bibendum !

Mon grand-père paternel, fermier dans la Manche, détestait l'automobile. D'ailleurs, il détestait avoir à sortir de son canton sans une très bonne raison et il ne comprenait pas que les gens préfèrent la voiture automobile à la voiture hippomobile pour leurs déplacements et d'aller chez les autres plutôt que de rester chez eux.
Mais, paradoxalement, il aimait voyager. En imagination. Cet érudit disposait aussi d'une impressionnante bibliothèque, principalement composée de titres de la littérature classique. Cette collection était axée sur le voyage et l'exploration des territoires inconnus. Il était né au temps des grands explorateurs. Il nourrissait une tendresse particulière pour Joseph Kessel et Pierre Loti. Enfant, quand je posais une question sur les marées ou sur les lunaisons, qui influençaient à la ferme les semailles comme les récoltes, sa réponse se trouvait souvent illustrée dans le propos par l'almanach du calendrier des postes, télégraphes et télécommunication. Et, si nécessaire, cette réponse était renforcée par le *Petit Larousse illustré*, de l'édition de l'année, bien sûr. Édition qu'il allait chercher « à la ville », dans la grande librairie, après avoir donné au préalable un coup de téléphone pour qu'on lui réserve un exemplaire. La parution du dictionnaire était un événement. Mais si je posais une question sur la géographie, ce qui arrivait assez fréquemment, car j'adorais mettre le nez dans sa collection de timbres et de cartes postales, il pointait alors un doigt magistral vers la porte du buffet bas du palier et disait, d'un ton solennel :

— Va chercher les *Michelin*, mon p'tit gars !

Le bonhomme avait la collection de cartes routières Michelin la plus fournie que je n'ai jamais vue. Certaines étaient très anciennes et dataient de l'entre-deux-guerres. D'autres, tachées et abîmées, dataient de sa période militaire de la « drôle de guerre », puis de la débâcle, puis de son retour à la ferme, en 1941, avec son fameux crochet par l'Espagne. Ces cartes étaient un morceau de patrimoine familial. Tout cela pour dire que la silhouette du Bibendum Michelin fait partie de mon enfance, au même titre que celle des personnages de dessins animés que je regardais à la télévision.

Mais comment cette entreprise, née sous l'impulsion des deux frères, a-t-elle pu non seulement devenir une référence mondiale du pneumatique, influencer le destin de l'automobile jusqu'à introduire la 2 CV Citroën sur le marché, mais aussi influencer les destins de la petite reine et de l'aviation, impacter le cinéma, marquer du sceau de l'industrie la compétition sportive, et inviter au voyage des générations entières, sans oublier de les guider dans leurs déplacements ?

Le saviez-vous ?

En 1944, l'état-major allié craint que la progression des troupes du D.DAY ne soit ralentie sur les routes, car la signalisation a été détruite par l'occupant. Avec l'accord secret de la direction de Michelin, l'état-major allié fait imprimer à Washington et distribuer à tous les officiers une reproduction de la dernière édition du *Guide Michelin*, celle de 1939, comportant des centaines de plans de villes, détaillés et actualisés.

Michelin, une histoire hors-norme

Tout commence avec André Michelin et son frère Édouard qui reprennent en 1886 une entreprise familiale située en Auvergne, celle des Barbier-Daubrée,

alors en faillite. Cette entreprise est spécialisée depuis plus de cinquante ans dans la fabrication de courroie de frein pour les voitures à cheval. En 1889, la raison sociale de cette entreprise devient « Michelin & Cie ».
L'usine de Clermont-Ferrand emploie à cette époque guère plus d'une cinquantaine de personnes. Michelin y lance un nouveau produit : le patin de frein en toile et caoutchouc, pour voitures à cheval et pour bicyclettes. Les deux seuls marchés importants à cette époque, pour la catégorie dans laquelle boxent les frères Michelin. Ce patin, une fois breveté, est présenté à l'Exposition universelle de Paris de 1889, la dixième du genre, qui, pour mémoire, est celle où fut présentée au public la tour Eiffel.

En 1891, Édouard Michelin, au fait des nouvelles technologies, comprend tout l'intérêt de rouler sur de l'air et s'intéresse au brevet Dunlop. Le domaine du pneu l'intéresse. Mais il constate que le temps de réparation d'un pneu prend plusieurs heures et empêche le développement du produit auprès du grand public. Aussi, l'ingénierie Michelin se met-elle en branle au principe d'inventer un pneu de bicyclette qui non seulement donnera confort et performance aux cyclistes, mais aussi qui sera repérable en quelques minutes. Michelin invente et commercialise alors le pneu démontable.
Dans cette même année, le vainqueur de la fameuse course cycliste Paris-Brest est l'heureux propriétaire d'un vélo équipé de pneus Michelin. Précurseurs dans le domaine et comprenant rapidement avec les retombées médiatiques de cette victoire que le sponsoring sportif est un excellent moyen pour mettre en avant un produit, l'année suivante, les frères Michelin créèrent la course cycliste Paris–Clermont-Ferrand. L'entreprise renouvellera l'expérience sur différentes courses de l'époque, y compris sur les premières courses automobiles, moins d'une dizaine d'années plus tard.
Michelin travaillera aussi rapidement sur l'idée d'un guide touristique, et ce dès 1900, qui offre à l'industrie

automobile l'idée que le consommateur pourrait avoir une certaine conception du tourisme « non collectif » par et grâce à l'automobile. Le guide pratique Michelin est le premier guide connu du genre, qui donne aux voyageurs, suivant la route empruntée, les renseignements utiles, mais aussi des adresses recommandées. Et l'entreprise ne s'arrête pas là, elle offre aussi des plaques de rues aux communes (les fameuses bornes Michelin) et, toujours en avance sur son temps, les premiers panneaux indicateurs qui préfigurent la mise en place d'un Code de la route qui ne sera officiel qu'en 1921.

Le saviez-vous ?

Sur le trajet de la course, Édouard Michelin fait semer des clous sur la route, sans que les concurrents le sachent, afin de démontrer que la réparation de ses pneus (devant la presse de préférence) n'excède pas trois minutes.

Pas qu'un pneu !

Les entreprises Michelin avaient, dès leurs débuts, un vaste programme de production comme de développement commercial et marketing, qui pourrait se résumer ainsi : ***tout ce qui roule est chaussé Michelin.***
Industriels opiniâtres, créatifs et visionnaires, les dirigeants de Michelin s'inscrivent dans une logique de production et d'expansion assez unique pour l'époque, jugez-en plutôt avec ces quelques dates choisies dans l'histoire de l'entreprise :

En 1899, « La jamais contente », équipée de pneus Michelin, dépasse les 100 km/h, et c'est le premier véhicule automobile (électrique) de l'Histoire à réaliser cette performance. Ce sont aussi les débuts du pneu automobile Michelin (rappelons qu'en 2019, l'entreprise Michelin sera à la première place mondiale du classement des fabricants de pneumatiques).

En 1906, Michelin installe sa première usine hors de France, à Turin, où une certaine firme automobile est déjà implantée (Fiat a été créée en 1899). En 1906, les usines de la marque produisent 1 150 véhicules par an et disposent de 11 modèles au catalogue, sans compter les prototypes de voitures de courses ou de circuits.

En 1907, Michelin s'installe aux États-Unis, à Milltown, dans le New Jersey. Les États-Unis produisent, pour cette année-là, plus de 36 000 véhicules, dont près de 15 000 pour la seule marque Ford.

En 1908, Michelin produit le premier pneu « jumelé » pour camions. Ce véhicule récent est en plein développement, et il apparaît alors comme une solution alternative intéressante aux réseaux ferroviaires comme fluviaux, trop encombrés. La même année, la marque développe un mécénat pour l'aéronautique et organise des compétitions dans le domaine. Et l'idée fera long feu : au début de l'année 2021, Michelin a renouvelé son partenariat avec Air France pour l'équipement en pneumatique de tous les avions de la flotte.

Le saviez-vous ?

Le camion : historiquement, c'est le « Fardier de Cugnot », créé en 1769, qui apparaît comme le premier véhicule motorisé capable de transporter plusieurs tonnes de chargement. En 1879, l'ingénieur Bollet fabrique une petite série de trains routiers à vapeur, qui seront reconnus comme les premiers véhicules à moteur de transport de marchandises sur route. Le premier camion moderne serait celui inventé en 1896 par Daimler. Plusieurs constructeurs, parmi lesquels Berliet, produisent ensuite ce type de véhicules en séries.

En 1915, Michelin construit sous licence les avions Breguet-Michelin pour l'armée française. Et les entreprises

Michelin ne se privent pas de participer à l'effort de guerre en répondant à différents appels d'offres du gouvernement, en équipant les véhicules des meilleurs pneumatiques de l'époque tout en surfant sur une communication « patriote ». La production sera de 57 avions en 1915, 141 en 1916, 264 en 1917 et 1 422 en 1918.

Michelin produira ainsi près de 3 000 avions pour l'armée française, après avoir contribué par ses concours d'atterrissage à former d'excellents pilotes (en 1916, la marque sera à l'origine de la construction de la première piste d'atterrissage en ciment). Les 100 premiers exemplaires produits furent offerts à la France et les suivants vendus à prix coûtant.

Il va sans dire que la Première Guerre mondiale est à l'origine du développement du transport motorisé, comme de l'aviation, qu'il s'agisse du transport de troupes (le fameux épisode des taxis de la Marne) ou du transport de marchandises, des estafettes (la moto entre officiellement dans les armées pendant ce conflit) ou des véhicules blindés (les premiers chars Renault en 1917).

À la sortie de la guerre, le potentiel commercial de Michelin, comme celui des autres équipementiers automobiles et les constructeurs, est considérable, tant auprès des particuliers que des entreprises et des États.

Les années folles...

En 1925, Michelin s'établit en Indochine et acquiert des plantations d'Hévéa (pour le latex) et profite du système colonialiste français. Marguerite Duras écrira sur le sujet : « *Le latex coulait. Le sang aussi. Mais le latex seul était précieux.* » (*Un barrage contre le Pacifique*, Ed. Gallimard.) Et d'après Éric Panthou, plus modéré dans ses propos : « *Ainsi, si le paternalisme Michelin visait à introduire chez les salariés en métropole le sentiment d'un intérêt commun entre personnel et patrons, il échoua totalement à essayer d'effacer l'infranchissable barrière séparant colons et colonisés.* » (Source : Wikipédia)

En 1926, année de la publication du guide régional touristique sur la Bretagne, le marché automobile enregistre une croissance record. Michelin passe le cap des 10 000 employés à Clermont-Ferrand.

En 1929, la Micheline, un autorail léger dont les roues sont équipées de pneus spéciaux, est née. Cet autorail restera en service en France comme à l'étranger dans plusieurs villes jusqu'en 1952, pour les derniers.

Le Bibendum roule en Citroën

En 1935, Michelin achète l'entreprise Citroën et la sauve de la faillite. Sa première tâche va consister à rembourser les dettes laissées par André Citroën. Michelin s'affaire à la poursuite du lancement commercial de la fameuse Traction, en version 7 et 11 CV. C'est cette même année que Michelin lance aussi le projet « 2 CV », avec pour idée dominante de « motoriser » la France rurale, ceci dans le but de vendre plus de pneus ! Si Michelin a choisi de racheter Citroën, ce n'est pas par passion de l'automobile, mais parce que Citroën était le premier constructeur français. Et par le fait, l'un des plus gros clients de Michelin, sinon le plus gros. Et sachant qu'une voiture représente cinq pneus par unité à la vente...

En septembre 1939, Michelin s'apprête à lancer la 2 CV au Salon de l'automobile de Paris. Mais l'entrée en guerre du pays stoppe sa mise en production. On peut penser que Michelin et les ingénieurs Citroën se sont peut-être inspirés des travaux allemands sur « la voiture du peuple ». De nombreux pays européens ont cherché à développer l'automobile en la rendant accessible au « petit peuple ». Comme, au final, Henry Ford, sympathisant nazi, qui sur l'année 1939 produira plus de 470 000 véhicules.

Durant l'Occupation, les usines Citroën tournèrent au ralenti en 1941 et 1942 et furent complètement arrêtées en 1943, du fait des bombardements alliés sur Paris. Mais de nombreux témoignages convergent sur le fait que Michelin n'a pas essayé de favoriser l'Allemagne. Les prototypes de la 2 CV furent cachés à l'occupant par une équipe d'ingénieurs. Cette voiture deviendra, en 1948, après quelques améliorations, la 2 CV Type A et sera commercialisée par la suite avec le succès qu'on lui connaît.

Papa Michelin...

Jusqu'au début des années 70, l'entreprise Michelin est l'archétype du fonctionnement du paternalisme industriel. Mais très différent cependant de celui que pratiquait, par exemple, l'entreprise Ricard. En 1932, dans la presse, on pouvait lire cet article retenu par nombre de « biographes » de l'entreprise : « *On naît à la clinique Michelin, on étudie à l'école Michelin, on prie à l'église Jésus-Ouvrier, construite au milieu d'une cité ouvrière Michelin, à côté des rues du Courage, de la Volonté, du Devoir. On fait ses courses à la coopérative Michelin et on pratique le sport à l'ASM (Association sportive Michelin).* » (Source : Wikipédia)
La cité Michelin. Est-ce un rêve social généreux ? Est-ce une proposition d'avenir à tendance politicienne, qui amorce l'idée que l'industrie peut se substituer à l'État avec une communauté dépendante ? Est-ce une ambition ou une idéalisation des constituantes du monde industriel dans son ensemble ? Cette idée est-elle proche ou non, au final, d'une « exploitation » ouvrière, comme l'entendaient les théoriciens du communisme ? Et les événements russes comme les suites de la Première Guerre mondiale ont-ils contribué à mettre en forme cette idée ? Est-ce mystique ? J'entends, par ce terme, religieux, puisque construire une église sur une ville ouvrière champignon n'est pas si anodin.

Il faut aussi prendre en compte que la ville de Clermont-Ferrand n'était pas capable de suivre financièrement le développement des usines Michelin, qui avaient dès les années 20 passé le cap des 10 000 salariés. Aussi, pour la direction, la construction de logements était devenue une nécessité. Mais cette formule qui s'est développée par la suite, avec ses devises, son système social totalement tourné vers l'entreprise, laisse perplexe.

Pourtant, à partir du début des années 70, les crises sociales dans l'entreprise se succèderont, et Michelin en verra son prestige diminuer dans le cœur des Français. Pour lui comme d'ailleurs pour l'ensemble des entreprises du monde automobile, la réalité économique de la fin du siècle dernier réduira à néant les grandes utopies industrielles.

Le saviez-vous ?

Le Bibendum Michelin : la légende raconte que l'image est apparue à Édouard Michelin, en 1894, alors qu'il contemplait un empilement de pneus dans son usine. Plusieurs dessinateurs seront en concours pour son dessin. C'est Marius Rossilon (O'Galop) qui se verra confier, dans un premier temps, la réalisation du Bibendum. Le célèbre slogan « *Nunc est Bibendum* », emprunté à Horace, est détourné comme suit : « Le pneu Michelin boit l'obstacle ! »

Il va de soi que, comme dans tout graphisme récurrent, le personnage évoluera avec son temps. Et avec la mode. Et pour certains, le bonhomme Michelin serait non seulement le plus vieux logo français connu, mais aussi le « logo du XXe siècle ».

Le Michelin « X »

En 1946, Michelin dépose le brevet du pneu radial, commercialisé trois ans plus tard, en 1949 donc, sous l'appellation *Michelin X.* Le pneu radial révolutionne le marché. Le succès commercial qui s'ensuit entraînera une forte expansion du groupe et une reconnaissance mondiale de la marque. À partir de là, tout en passant de père en fils aux commandes de l'entreprise, de fils en cousins, les choses s'enchaînent à grande vitesse jusqu'à la consécration ultime, qui est celle de premier producteur au monde pneumatique.

En 1951 sera fondée la *Compagnie Générale des Établissements Michelin* et de la *Manufacture française des Pneumatiques Michelin,* permettant ainsi une meilleure organisation des sites comme des personnels et des marchandises. Cette année-là aussi, le lancement de quatre nouvelles usines sera acté, à Orléans, à Bourges, à Cholet et à Poitiers. Ces implantations seront considérées pour les communes concernées comme un don du ciel, tant Michelin embauche et investit. En retour, pendant les décennies 1960 et 1970, les volumes de pneumatiques produits par l'entreprise seront multipliés par cinq.

Mais Michelin l'a déjà prouvé dès l'année 1907 : l'entreprise a vocation à travailler à l'international avant tout, et l'investissement suivant est dédié à l'ouverture de la première usine de production de pneus X en Amérique du Nord, en 1971 à *Bridgewater* au Canada. S'ensuivra la première usine de production de pneus X aux États-Unis qui ouvrira en 1975 à *Greenville* en Caroline du Sud, précisément l'année où Michelin se retirera de l'ancienne Indochine, laissant ainsi définitivement l'exploitation de matière première de l'époque coloniale derrière lui. Comme la controverse.

En 1978, la firme Michelin, fidèle au sponsoring sportif, s'associe à la prestigieuse *écurie Ferrari,* et remporte en duo son premier grand prix de formule 1 au Brésil.

En 1979, année où Michelin devient le n°1 mondial du pneu, la marque est associée aux deux titres mondiaux (pilote et constructeur) que Ferrari remporte. Le prestige

et les retombées sont énormes. Mais le sponsoring de ce type cessera quelques années plus tard avec *l'écurie Renault* et de nouvelles législations sportives associées.
En 1981, Michelin absorbe les usines pneumatiques *Kleber,* et en 1989, le groupe achète *Uniroyal-Goodrich* afin d'augmenter sa pénétration du marché américain. Mais, au-delà de ces manœuvres financières, toujours en pointe sur l'innovation, le département de recherche de Michelin crée la surprise en présentant en 1992 son premier pneu « *Energy* », conçu pour diminuer la consommation de carburant, qui sera décliné ensuite en « *X Energy* » pour les poids lourds, Michelin voulant contribuer ainsi à réduire la pollution automobile, sachant que les fabricants de pneumatiques sont pointés du doigt à cette époque par tous les mouvements écologistes et considérés comme étant parmi les premiers pollueurs de la planète.

En 1996, presque à l'occasion de son centenaire, Michelin invente le pneu indéjantable qui permet de rouler, même en cas de crevaison. Bref, la firme n'a pas fini d'entreprendre et d'innover en cette fin de XXe siècle, comme elle l'avait fait au siècle précédent.
Mais voyons où nous en sommes justement au début du XXIe siècle, reconnu comme le siècle de la mondialisation. Et que restera-t-il des grands principes salariaux de l'entreprise à cette époque.

Michelin au XXIe : des succès dans la tourmente

En 1999, la firme annonce la suppression de 1 880 postes sur ses sites de production français. Pourtant, au mois de septembre de la même année, Michelin annonçait des bénéfices semestriels en hausse. Un autre plan de restructuration suivra et entraînera 7 500 suppressions d'emplois et ouvrira une polémique que le public connaît sous le nom de « licenciements boursiers ».

En janvier 2007, un contrat d'une valeur de 1,7 milliard de dollars sera signé entre Michelin et le Pentagone. Le cours de l'action Michelin touchera alors son plus haut niveau historique à 102,54 €.

L'entreprise proposera en 2009 de mettre en place un accompagnement innovant des salariés suite à la fermeture de son site de Toul, par des « ateliers de transition professionnelle », c'est-à-dire un accompagnement personnalisé pour retrouver un emploi. Mais l'opération ne sera pas un franc succès. Pourtant, en 2010, Michelin décide d'un programme d'investissement pour mettre en service, de 2012 à 2014, quatre nouvelles usines en Chine, au Brésil, en Inde et aux États-Unis. En 2015, Michelin annonce l'acquisition pour 68 millions d'euros de <u>Blackcircles.com</u>, le numéro 1 du commerce en ligne de pneus. En parallèle, en novembre 2015, Michelin annonce la fermeture prévue de trois usines situées en Italie, en Allemagne et au Royaume-Uni à l'horizon 2018.

Comme pour nombre de grandes entreprises européennes, la concurrence asiatique opère et fait mal. Mais c'est aussi le mal de l'époque que de délocaliser pour une main-d'œuvre moins chère, de sous-traiter et d'enrichir à outrance les cadres supérieurs et les actionnaires. Comme le gigantisme est devenu le mal du siècle. Pour ces groupes, les mouvements sociaux ne sont pas finis, sachant que le contexte de la mondialisation tue les particularismes nationaux et traduit l'humain en matière première. En cela, Michelin comme les autres ne se distingue plus à l'international. En octobre 2019, Michelin confirmera son intention de fermer d'ici la fin de l'année 2020 l'usine de La Roche-sur-Yon qui produit des pneumatiques pour poids lourds. Alors que la direction avait annoncé un plan d'investissement de 800 millions d'euros en France entre 2013 et 2019, et la création de 170 postes pour le site, elle supprimera 730 postes sur un site de production identique. La direction du groupe certifiera qu'après la fermeture de l'usine de La Roche-sur-Yon, il n'y aurait aucune nouvelle fermeture en France au cours des trois ou cinq prochaines années...

En janvier 2021, Michelin annonce pourtant la suppression de 2 300 emplois en France, pour soutenir sa valorisation boursière et rassurer ses actionnaires sur sa bonne marche financière. La multinationale a pourtant bénéficié de 65 millions d'euros de crédit d'impôt pour la compétitivité de l'emploi de 2013 à 2020 et de 12 millions d'euros d'argent public pour payer le chômage partiel d'une partie de ses salariés en 2020. Michelin a été cité par l'Observatoire des multinationales (publié par l'association Alter-médias), parmi les « corona-profiteurs » du CAC 40 qui « préfèrent rémunérer leurs actionnaires que contribuer à l'intérêt général ».

Stratégies

Les trois axes de la stratégie d'innovation de Michelin sont : l'accélération du développement de nouvelles gammes, le progrès continu sur les gammes de pneumatiques existantes (innovation incrémentale) et la recherche de solutions radicalement nouvelles (innovations de rupture). Et depuis 2016, c'est « l'innovation de rupture » qui remporte la timbale. Les acquisitions du groupe Michelin se multiplient : le site espagnol de réservation de restaurants Restaurantes ; la société américaine Lehigh Technologies, spécialiste du caoutchouc recyclé par pulvérisation ; Fenner, l'entreprise britannique spécialisée dans les courroies et les éléments en polymère ; Camso, une entreprise d'origine québécoise spécialisée dans les pneus hors route à usage agricole et les chenilles ; 88 % de PT Multistrada Arah Sarana TBK, l'acteur majeur du pneumatique en Indonésie ; et enfin Masternaut, le tout pour un montant total de plusieurs milliards.

En 2019, la branche Michelin Lifestyle Limited développe pour le fabricant de vélos électriques Wayscral un système de moteur amovible ultraléger, le système Wayscral Hybrid Powered by Michelin. Celui-ci fonctionne à l'aide d'un pneu unique destiné à ce modèle, développé par Michelin lui aussi, qui, pour le coup en revient à ses fondamentaux.

Conclusion

Que dire de Michelin aujourd'hui, sinon que comme le monde, le Bibendum centenaire évolue, que les systèmes d'hier ne sont plus ceux d'aujourd'hui et que la mondialisation, à l'instar du climat, fait que ce qui touche un secteur d'activité en touche un autre en retour, pour le financier comme pour l'humain. Qu'une fermeture lance une ouverture. Que la mutation ne se fera pas sans douleur. Mais, quoi qu'il en soit, la firme Michelin est une réussite industrielle indéniable et une entreprise d'innovation performante. En cela, elle mérite sa place dans notre livre, car, à l'origine, c'est aussi une success-story à la française.

L'analyse économique
par Jean-David Haddad

Contexte économique et capitalistique

Dans l'excellent film de Clint Eastwood, *American Sniper*, qui se déroule en Californie, on peut voir, placardées dans un garage, plusieurs publicités Michelin. Dans la même Californie, le guide Michelin répertorie 90 restaurants étoilés ; qui ont donc la célèbre « étoile Michelin ». Oui, le Bibendum est connu dans le monde entier et ce nom bien franchouillard a fait le tour du monde. À la base symbole du pneumatique, il est aussi devenu le symbole du voyage, et bien sûr de la gastronomie. Figurer dans le guide rouge et y décrocher la célèbre étoile reste un must pour tout chef cuisinier ayant besoin de fabriquer sa notoriété.

Mais le célèbre guide rouge peine à se vendre à 50 000 exemplaires par an, alors qu'il culminait à 600 000 exemplaires il y a 30 ans. Il suit le marché du livre en général. Il est surtout une vitrine pour le groupe. Vitrine de prestige et de notoriété. Gage de confiance. Car le principal business de Michelin, ce sont les pneumatiques. Depuis 2020, Michelin est redevenu le numéro 1 mondial de la fabrication et de la commercialisation de pneumatiques, devant Bridgestone et Goodyear. Les produits du groupe sont principalement commercialisés sous les marques Michelin, BFGoodrich, Kleber, Uniroyal et Taurus.

Récemment, Michelin s'est aussi lancé dans un programme d'acquisition de sociétés dans la télématique, comme la société Masternaut, une entreprise française spécialisée dans les services de géolocalisation et de télématique embarquée. Auparavant, le célèbre groupe au bibendum avait acquis Nextraq en Amérique du Nord et Sascar en Amérique du Sud (leader brésilien de la gestion digitale de flottes et de sécurisation des biens transportés).

Pourquoi avoir investi dans un tel secteur ? Car Michelin y voit une complémentarité avec son métier de base et pense à l'importance croissante de la digitalisation de l'économie.

Michelin apparaît donc clairement comme une vraie multinationale présente dans 68 pays et employant plus de 100 000 personnes. La France ne représentant qu'à peine 9 % de son chiffre d'affaires. Ce développement a été réalisé avec un cadre juridique assez rare pour être noté. En effet, la Compagnie générale des établissements Michelin (c'est son vrai nom) n'est pas une société anonyme, mais une société en commandite par actions. L'autre statut, à part la Société Anonyme, permet de bénéficier d'une cotation en bourse. La commandite est une société commerciale dans laquelle les associés de la société sont divisés en deux groupes appelés les commandités et les commanditaires. Les commandités sont responsables indéfiniment et solidairement des dettes de la société et leurs titres ne sont pas librement cessibles. Quant aux commanditaires, ils ont le même statut que les actionnaires d'une Société Anonyme. L'avantage de la commandite est de pouvoir garder une meilleure indépendance pour le maintien d'un pouvoir familial, puisque les commandités ne peuvent pas être débarqués de la même manière que dans le cadre d'une Société Anonyme.

Depuis le décès d'Édouard Michelin à 42 ans en 2006 à l'occasion d'une sortie en mer, la famille Michelin n'est plus aux commandes. Depuis ce décès, ce sont respectivement messieurs Senard puis Menegaux qui ont exercé le pouvoir à la tête de l'entreprise, qui, jusqu'en 2006, n'avait compté que des héritiers Michelin. Aujourd'hui, la famille Michelin se fait très discrète. Sa part dans le capital du groupe est estimée à 4 % via la holding Mage

Invest. Mais le statut de commandite lui permet de peser dans les décisions du groupe, bien plus que ce qu'il en aurait été dans le cadre d'une Société Anonyme.

Bourse et finances

Cotée en bourse, et faisant partie du CAC 40, Michelin est une société moyennement considérée du marché. Le cours de bourse est assez dépendant des fluctuations du secteur automobile, bien que le titre Michelin offre à ses détenteurs plus de sécurité qu'un titre purement automobile. En effet, même en cas de crise du monde automobile, les automobilistes auront besoin de changer leurs pneumatiques !

Les investisseurs apprécient donc la diversification géographique de Michelin tandis que le statut de commandite, qui peut être un repoussoir pour les fonds internationaux, rassure les actionnaires individuels dits petits porteurs. Blackrock est bien sûr présent, mais seulement à hauteur de 5 % du capital, tandis que les autres investisseurs sont français, parmi lesquels la Caisse des Dépôts et Consignations.

Les investisseurs apprécient aussi la croissance du chiffre d'affaires, même si cette dernière peut s'avérer parfois accidentée d'année en année.

Quelques chiffres consignés dans le tableau suivant témoignent de la croissance à long terme de ce groupe. Une croissance liée à l'augmentation du transport terrestre dû aux échanges internationaux.

ANNÉE	2003	2008	2013	2017	2019	2021
CHIFFRE D'AFFAIRES (en milliards d'euros)	15,37	16,40	20,24	21,9	24,13	23,79
RÉSULTAT NET (en milliards d'euros)	0,32	0,35	1,13	1,7	1,75	1.84

On notera en revanche que les confinements imposés en 2020 par les autorités étatiques ont pénalisé les chiffres du groupe, du fait des interdictions de déplacements. Moins de transports rimait avec moins de production de pneumatiques.

La croissance a bien repris dès l'exercice 2021.

La cote d'amour que voue le marché à Michelin est donc moyenne et n'a rien d'exceptionnel. L'entreprise se paye en moyenne à 15 fois les bénéfices estimés. En avril 2022, la capitalisation boursière de Michelin est de 21 milliards d'euros, soit moins d'une fois le chiffre d'affaires réalisé en 2021. C'est une valorisation moyenne.

Michelin apparaît comme un poids moyen du CAC 40 en termes de chiffre d'affaires, mais un poids léger en termes de capitalisation boursière.

Ainsi, Michelin est la 30e capitalisation boursière de l'indice et la 25e entreprise sur 40 sur le critère de son chiffre d'affaires.

RANG DANS LE CAC 40

Capitalisation boursière : 30e/40
Chiffre d'affaires : 25e/40

Détenant à peine 4 % du capital, la famille Michelin pèse donc 4 % de 24 milliards, soit près d'un milliard d'euros.

Parcours boursier et rendement

En 20 ans : 1 000 € → 3 000 €

Un particulier qui aurait placé 1 000 € sur Michelin mi 2002 détiendrait aujourd'hui 3 000 €, plus des dividendes réguliers qui viennent chaque année rémunérer ce placement. Sans être considérée comme une valeur de rendement, l'action Michelin a néanmoins toujours distribué à ses actionnaires un dividende annuel, ce dernier s'étant établi à 2,3 € en 2021.

Évidemment, le titre a souffert des crises, surtout quand elles atteignent le transport et l'automobile, et aussi les cours du pétrole. Une hausse des cours du pétrole trop marquée n'est jamais bonne pour Michelin, car les particuliers comme les professionnels roulent moins, usant donc moins leurs pneumatiques. Le prix du caoutchouc est aussi l'un des facteurs influençant les finances de l'entreprise. Plus le caoutchouc a un prix élevé, plus il coûte cher à Michelin de fabriquer ses pneumatiques, donc plus ses finances en pâtissent et son cours de bourse aussi.

L'avis de l'expert

Michelin est un titre solide pour le long terme, mais dont il ne faut pas négliger les fluctuations.

La saga L'Oréal

Liliane Bettencourt, 1922-2017,
fille du fondateur de l'Oréal

La belle histoire

par Yoann Laurent-Rouault

Avant de nous occuper du groupe et de son histoire, commençons par une biographie rapide des deux dirigeants historiques du groupe L'Oréal.
Liliane Henriette Charlotte Betsy Schueller est la fille unique d'Eugène Schueller, le fondateur du groupe L'Oréal, et de Louise Doncieux.
Elle se marie le 8 juin 1950 à Vallauris avec André Bettencourt, qui deviendra le dirigeant « officiel » du groupe L'Oréal quelques années plus tard.
Ce dernier, journaliste de formation, proche de François Mitterrand, fut cagoulard et pétainiste. Les cagoulards étaient un groupe d'individus à l'origine de crimes et non des moindres pendant l'Occupation.

Sous la houlette d'Eugène Schueller, André Bettencourt gèrera dès l'après-guerre une carrière politique encouragée par ses amitiés tant « politiques » qu'issues des milieux d'affaires. Ce qui l'amènera à devenir en bout de piste, après une députation assez longue, ministre des Affaires étrangères et membre du gouvernement sous les présidences successives de René Coty, Charles de Gaulle et Georges Pompidou.
Le couple aura une fille, Françoise Bettencourt Meyers, née le 10 juillet 1953.

Stagiaire chez L'Oréal dès 1937, Liliane Bettencourt hérite de l'entreprise au décès de son père, en 1957. Déjà au directoire dès 1950, son mari prendra par la suite la tête de l'entreprise. Si « l'héritière » reste médiatiquement assez discrète, elle n'en suit pas moins de très près les affaires de l'entreprise, accompagnant au mieux son développement international, mais sans s'ingérer dans son développement, du moins, c'est ce qui se dit. Notons les amitiés surprenantes de la milliardaire, comme celle qu'elle entretiendra avec Mao, alors dirigeant de la République populaire chinoise. Nous reviendrons ultérieurement sur la période qui la sépare du titre envié de femme la plus riche du monde, en 1980.

Elle perd son mari en novembre 2007 et les années qui suivent sont marquées par deux affaires judiciaires, largement reprises par la presse et qui amènent Liliane Bettencourt à s'exprimer publiquement sur les dossiers Banier-Bettencourt et Woerth-Bettencourt.

Elle décèdera le 21 septembre 2017, à l'âge de 94 ans. Son unique héritière, Françoise, est classée par *Forbes* à la 12ᵉ place dans le top 20 des milliardaires mondiaux, avec une fortune estimée à 73,6 milliards de dollars en 2021. Elle est, au 17 mars 2021, la femme la plus riche du monde. Sa richesse la place à ce jour à la troisième place au classement des fortunes françaises dressé par le magazine *Capital* en septembre 2020, et en 2021, 4ᵉ fortune française et comme la première femme la plus riche dans le magazine *Challenges*. Françoise Bettencourt et ses héritiers détiennent aujourd'hui près de 33,2 % du groupe.

Le saviez-vous ?

Les Bettencourt créaient en 1987 la fondation Bettencourt-Schueller, dédiée au mécénat dans les domaines de la recherche médicale, de la culture et de l'humanitaire.

L'Oréal

La marque fut donc créée par Eugène Schueller en juillet 1909 et elle est de nos jours devenue le groupe numéro 1 mondial de l'industrie cosmétique, affichant plusieurs centaines d'autres marques et produits au catalogue. L'origine de l'entreprise L'Oréal remonte à 1907, « *lorsqu'Eugène Schueller, jeune chimiste français*

d'origine alsacienne, diplômé de l'Institut de chimie appliquée de Paris en 1904, dépose à l'Office national de la propriété industrielle une demande de brevet d'invention concernant un procédé de teinture pour cheveux et poils. »
(Source : Wikipédia)

Au sortir de ses études, il devient assistant-préparateur en pharmacie à la Sorbonne. Et c'est la question posée par un coiffeur qui bouleversera son destin. Ce dernier lui demande s'il est possible de mettre au point une teinture capillaire fiable et inoffensive pour couvrir les cheveux blancs, contrairement à celles commercialisées à cette époque, agressives parce que trop souvent à base d'eau oxygénée. Schueller fit ses recherches. C'est ainsi qu'il découvrit et mit au point une formule de teinture permettant de couvrir durablement et « sainement » les cheveux blancs. La formule à base de fécule de pomme de terre devint la solution au problème du vieillissement capillaire prématuré. Fort de ses résultats, confiant dans l'avenir, il crée alors son entreprise. La nuit, il fabrique les produits, puis il les vend durant la journée sous la marque « L'Oréal », qu'il a déposée. Le nom serait inspiré de l'auréale, une coiffure en vogue de l'époque. Quant à l'auréole, elle restera au-dessus de Saint Louis. Des débuts artisanaux, faits dans des conditions sommaires. J'ai choisi cette version de l'histoire, car les faits et les dates concordent avec différentes approches réalisées par d'autres auteurs sur les débuts de l'entreprise. Chaque histoire ayant sa part de légende, il n'est pas toujours facile de démêler le vrai du faux, surtout quand les faits remontent à plus d'un siècle. Mais poursuivons. Eugène Schueller tente une première levée de fonds pour développer son entreprise. Il y parvient. André Spéry, un comptable employé du fabricant de spiritueux Cusenier, apportera les 25 000 francs de capital nécessaire pour fonder en 1909, je cite : « la Société française de teintures inoffensives pour cheveux ».

Entre-deux-guerres

Passé les horreurs de la Première Guerre mondiale, c'est dans le contexte d'une société nouvelle, voulant oublier son lot de malheurs, que notre entrepreneur lance en 1923 un magazine professionnel diffusé dans les salons de coiffure : *Le Bulletin L'Oréal*. L'idée est bien évidemment de se faire connaître « comme solution » auprès des coiffeurs. Deux ans plus tard, avec *L'Oréal Humoristique*, l'idée est de se faire connaître auprès des clients. Le temps d'attente du client est nourri par L'Oréal et sa revue. Pratique toujours en cours aujourd'hui, sauf en cas de pandémie politique et sanitaire, bien évidemment.

En 1928, il rachète la Société des Savons français, plus connue sous le nom de sa marque : Monsavon. En 1929, il crée la première teinture rapide, Imédia, et c'est enfin un succès. En 1933, il lance pour les professionnels le shampoing Dopal. Fort d'un nouveau succès, le produit est renommé Dop et est distribué aussi pour le grand public. C'est un produit phare de la nouvelle consommation française, que l'on trouve encore en rayon de nos jours. Il faut savoir que le shampoing n'était pas un produit très connu dans ces années-là. Tout comme la pâte dentifrice et plus tard le papier hygiénique des GI, c'était une petite révolution. Dans les familles, le Dop, pour le bain de fin de semaine, est rapidement devenu un marqueur au même titre que les habits du dimanche, le poulet au four et le chapeau décoré de la demoiselle. Mais, surtout en ville, car dans les campagnes, nous le verrons avec Yves Rocher, les gens avaient déjà leurs recettes, souvent à base de savon, mais plus naturelle.

Cette digression, pour vous signifier, mesdames et messieurs les jurés, que les produits chimiques déjà employés feront beaucoup de tort à la marque au cours de ces 30 dernières années. Nous y reviendrons. Puis les choses s'enchaînent naturellement et le présentoir se remplit : la crème solaire, qui n'existait pas jusque-là sous cette forme, c'est-à-dire en pot étiqueté ou en tube. Encore une fois dans les campagnes, la graisse à traire suppléait aux phénomènes cosmétiques urbains. Ces graisses et corps gras, d'origine animale ou végétale, étaient utilisés pour se protéger du soleil, pendant « les foins », par exemple, jusqu'aux vergetures d'une grossesse ou aux engelures de l'hiver. Par la suite, encore d'autres produits, plus ou moins révolutionnaires et plus ou moins utiles au plus grand nombre des citadins, furent « inventés ».

Mais, justement, puisque nous parlons de révolution, le siège social de L'Oréal à cette époque sera aussi mis à la disposition d'un groupe d'extrême droite, le Comité Secret d'Action Révolutionnaire, qui sera connu sous le nom populaire de « La Cagoule ». Mitterrand en fera partie. Je le cite, car c'est le plus célèbre des cagoulards, mais d'autres aussi y participent, après leur séjour chez les bons pères, et ils deviendront ministres, affairistes, dirigeants ou autres. Pardonnez mon agacement. Son futur gendre aussi fera partie de la fine équipe qui se rangera massivement dans les rangs de la collaboration active, moins de 5 ans plus tard.

Le saviez-vous ?

La Cagoule est une organisation politique et militaire clandestine de nature terroriste, active dans les années 1930 en France. Cette organisation fut fondée par des dissidents de l'Action française. D'extrême droite, anticommuniste, antisémite, antirépublicaine et proche du fascisme, la Cagoule commet plusieurs crimes de droit commun (assassinats, attentats à la bombe, sabotages et trafics d'armes). L'organisation est démantelée par la police en 1937-1938. Après la défaite et l'armistice de 1940, certains anciens cagoulards optent pour la Résistance intérieure ou la France libre, tel le colonel Groussard ou Maurice Duclos. D'autres se rallient au régime de Vichy ou deviennent des « ultras » parisiens de la collaboration, notamment l'ex-dirigeant cagoulard Eugène Deloncle qui fonde le Mouvement social révolutionnaire.

Là, nous sommes loin de la cosmétique. Mais je crois que le livre que nous rédigeons doit aussi tenir compte des réalités historiques. Paul Ricard, lui, contrairement à d'autres, avait choisi l'autre camp.

Mais revenons un peu en arrière. L'Europe de cette époque brunit à vue d'œil et sans pourtant acheter massivement des crèmes solaires de la marque. La Pologne et les Sudètes sont un petit peu occupées, l'Italie aboie au portail, l'Espagne compte ses morts, la drôle de guerre s'installe et cette même année, en 1939 donc, une Société Anonyme est constituée sous le nom de L'Oréal. La Seconde Guerre mondiale emporte le pays dans un tourbillon désastreux et Schueller et ses amis vont devenir massivement collaborationnistes, pétainistes et engagés politiquement dans l'État de Vichy. Les conséquences de cette période trouble, pour bien des entrepreneurs à succès et des politiques de l'après-guerre, n'épargneront pas la future famille Bettencourt dans les années suivantes. En attendant, à cette date, notre pharmacien-teinturier possède plus de 60 000 des 70 000 actions qui constituent sa société. Et des filiales sont ouvertes dans plusieurs pays.

Le saviez-vous ?

Pendant la Seconde Guerre mondiale, Eugène Schueller confie à André Bettencourt la direction de la revue française collaborationniste *La Terre française*. En 1942, il l'envoie en Suisse afin d'« aryaniser » la société Nestlé, dont il est lui-même devenu l'un des principaux actionnaires. André Bettencourt rentrera dans la Résistance « tardivement », fin 1943, selon plusieurs sources consultées. La filiale de L'Oréal en Espagne emploiera le cagoulard Jean Filiol, pourtant condamné par la justice française en tant que coresponsable du massacre d'Oradour-sur-Glane. De nombreux cagoulards seront identifiés après-guerre, dans d'autres filiales étrangères de L'Oréal. À la même époque, le jeune François Mitterrand, qui sortait de sa charge du gouvernement du maréchal Pétain à Vichy au Commissariat au reclassement des prisonniers de guerre, est engagé comme directeur général du magazine promotionnel des produits L'Oréal, intitulé *Votre Beauté*...
(Sources notables : *Un milliard de secrets*, aux éditions Robert Laffont, par Marie-France Etchegoin, rédactrice en chef des « Enquêtes » au *Nouvel Observateur*. Jacques Follorou, « Bettencourt-Mitterrand : les dettes de l'amitié », article du 21 septembre 2010 dans le journal *Le Monde*.)

L'après-guerre : une période favorable

En 1945, naît Oréol, la première permanente à froid (dans le dos, donc).

En 1950, la Société des Savons français et L'Oréal fusionnent.

En 1951, la communication bat son plein : *Parade DOP du Radio-Circus* et images d'Épinal en bataille autour des produits. Des opérations marketing sont montées, comme la *Journée des enfants,* des camions distribuent des produits Dop dans tout le pays. Il y a aussi des radio-crochets très populaires qui sont organisés, toujours sous l'égide des produits « Dop ». Claudia Schiffer n'était pas encore née. C'est, pour l'époque, un véritable succès populaire et commercial. Bien d'autres marques auront, avant L'Oréal, ouvert la voie, notamment Citroën, ou encore Michelin. Ce marketing « en grand », qui se déplace vers le consommateur, est l'apanage des grandes marques de consommation de la seconde moitié du XXe siècle. En 1952 est aussi créé le Berlingot DOP (qui préfigure celui de Lacroix), puis la coloration directe, appelée : Régé-Color. Que toutes les femmes de l'époque ont adopté et vénéré. Le nom fut prononcé jusqu'à en devenir constituant d'expressions populaires. En 1954, L'Oréal s'exporte aux États-Unis. En 1955, le groupe acquiert les Laboratoires Industriels de Vichy, spécialisés dans le secteur de la santé. Cela permettra à l'entreprise de vendre en pharmacie. Au décès d'Eugène Schueller en 1957, François Dalle devient PDG du groupe (autre proche de Mitterrand et Bettencourt, fréquentant le même cercle révolutionnaire). La mort du fondateur n'arrêtera pas l'innovation et le développement de l'entreprise, s'ensuivront les premiers shampoings huiles, les premiers parfums de la marque, et surtout, la société L'Oréal fera une entrée en bourse remarquable, en 1963, augurant à partir de là un succès financier jamais démenti. S'ensuivront d'autres ventes et acquisitions, citons notamment Lancôme et Garnier, puis Courrèges, en 1965. Viendront ensuite des licences comme Guy Laroche, Kérastase en 1967, et un développement faramineux qui fera qu'en 1970, l'entreprise L'Oréal réalisera le chiffre d'affaires record de 1,6 milliard de francs ! Cette année-là, le groupe acquiert Biotherm et développe les parfums Ted Lapidus. Gemey suivra en 1973.

Le saviez-vous ?

L'Oréal a participé à la création de la société des Statistiques françaises de consommation, à l'origine du premier panel de consommateurs. La société deviendra « Secodip » à la toute fin des années 60 et L'Oréal en restera le principal actionnaire. Elle sera revendue en 1995 à la fameuse « Sofres ».

Partenaires particuliers

Dans ces mêmes années, L'Oréal et les Bettencourt sont à la recherche d'un partenaire étranger pour conforter leur posture à l'international comme au national. Et, selon les conseils du président Pompidou, échapper à la nationalisation en cas d'arrivée des socialistes au pouvoir. En 1974 est signé « *l'accord de participation croisée avec le groupe Nestlé à l'issue duquel l'héritière et le groupe suisse deviennent actionnaires, respectivement à 51 % et 49 %, d'une holding, Gesparal, qui détient 53,85 % du capital et 76,66 % des droits de vote de L'Oréal. En échange, Liliane Bettencourt reçoit 115 910 actions de Nestlé (environ 4,06 % du capital)* ». (Source : Wikipédia)

En 1980, le groupe réalise 10 milliards de francs de chiffre d'affaires. C'est aussi l'année où Liliane Bettencourt est reconnue comme « la femme la plus riche du monde ». En janvier 1984, L'Oréal acquiert Warner Cosmetics, qui regroupe les licences Ralph Lauren, Gloria Vanderbilt et Paloma Picasso. C'est en 1986 que L'Oréal devient numéro 1 mondial du secteur des cosmétiques avec un chiffre d'affaires de 2,6 milliards de dollars. En 1988, le groupe acquiert les Laboratoires Goupil, la licence Giorgio Armani et la marque Helena Rubinstein. Les laboratoires La Roche-Posay sont acquis en 1989, la marque Mizani est lancée en 1991 et Redken rejoint le groupe en 1993. Est lancé également en 1993 « P'tit Dop », destiné aux enfants. En 1994, le pacte d'actionnaires avec

Nestlé est renouvelé, L'Oréal prend le contrôle de Cosmair, puis acquiert la maison Lanvin (couture et parfums). En 1995, le groupe lance la première OPA de son histoire pour acquérir l'Américaine Maybelline. L'année suivante, la marque de maquillage Jade est rachetée. Et bien d'autres suivront à l'international.

Un siècle plus tard

Les acquisitions se succèdent au XXIe siècle, comme au siècle précédent, sur un rythme encore plus rapide. Citons quelques marques pour les lecteurs avertis : BioMedic et Colorama en 2001, par exemple. En 2005, The Body Shop et Sanoflore. La holding Gesparal fusionnera avec L'Oréal, ainsi Liliane Bettencourt et Nestlé deviennent actionnaires directs du groupe, respectivement à 27,5 % et 26,4 % du capital. Depuis 2006, L'Oréal constitue, sous l'entité Salon Centric, un réseau de distributeurs américains de produits professionnels : Beauty Alliance Maly's West (2007), Columbia Beauty Supply (2008), etc. En 2008, L'Oréal rachète au groupe PPR sa division Yves Saint Laurent Beauté, incluant la marque Roger & Gallet et les licences Yves Saint Laurent, Boucheron, Oscar de la Renta, Stella McCartney et Ermenegildo Zegna. En 2012, L'Oréal rachète Vogue Cosmeticos et le groupe Cadum. En 2013, L'Oréal acquiert pour 635 millions d'euros le spécialiste chinois des masques de beauté Magic Holdings. Bref, un jour ou l'autre, nous achetons tous du L'Oréal. Et du Nestlé. Pour les soins, je vous convie aux Thermes de Saint-Gervais-les-Bains. C'est aussi à eux.

En mars 2018, le groupe acquiert l'entreprise canadienne ModiFace, leader mondial « de la réalité augmentée et de l'intelligence artificielle appliquées à la beauté », et annonce le renouvellement de son accord de licence avec l'entreprise italienne Giorgio Armani jusqu'en 2050. Ce qui nous laisse encore le temps de prendre quelques rides. Le groupe annonce également avoir remporté le contrat de licence mondiale pour les parfums et cosmétiques de la marque Valentino. En août 2018, L'Oréal annonce le projet de rachat des thermes de La Roche-Posay et l'acquisition de l'entreprise allemande Logocos Naturkosmetik spécialisée dans les produits de beauté végan et bio. Il fallait bien y venir un jour...

Le premier trimestre 2019 est marqué par un chiffre d'affaires en hausse de 11 %, tiré par le secteur du luxe et les ventes en Asie. En juillet 2019, le groupe annonce un projet d'acquisition de deux marques pour sa division luxe : Mugler et Azzaro. Chez L'Oréal, il y a trois tendances : les marques « grand public », les marquent « luxe » et les marques « professionnels ». En cela, malgré les avancées technologiques et la percée du beau, du bon, du bio, on ne varie pas. À noter que depuis 2020, la marque revoit son vocabulaire primaire associé à ses produits. En cause, les mouvements antiracistes et autres : citons le cas des produits « blanchissants ».

Le saviez-vous ?

Parmi les égéries de la marque L'Oréal, vous trouverez des stars internationales comme Susan Sarandon, Jane Fonda, Andie MacDowell, Helen Mirren, Kate Winslet, Blake Lively, Jennifer Lopez, Gong Li, Eva Longoria, Julianne Moore...

Parce que je le vaux bien

Les marques de L'Oréal sont organisées par circuit de distribution selon 4 divisions : les produits professionnels, les produits grand public, L'Oréal Luxe et la cosmétique active. Elles sont présentes dans 150 pays dans le monde. L'Oréal Professionnel est la marque de premier plan. Depuis plusieurs années, le groupe investit également dans des fonds de capital-risque et des incubateurs de start-ups. En décembre 2018, L'Oréal lance son propre fonds de capital-investissement BOLD (pour « Business Opportunities for L'Oréal Development ») pour prendre des participations minoritaires dans des start-ups du secteur de la beauté. Mais nous retrouvons aussi L'Oréal dans des dizaines de sociétés de recherche, de communication, de voyage, de tourisme, de chimie, d'ingénierie, de couture, de parfum, de luxe, d'art, de mannequinat... La liste serait trop longue.

Un univers impitoyable !

Mais une multinationale de cette taille, surtout dans un milieu aussi concurrentiel, possède aussi sa batterie de cuisine et ses instruments de ménage. En bref, sur notre téléscripteur : en 2007, Garnier, filiale de L'Oréal, est condamnée par la justice française pour « discrimination raciale à l'embauche ». Le groupe L'Oréal s'est pourvu en cassation contre ce jugement. L'association britannique animaliste Naturewatch a organisé une campagne de boycott contre L'Oréal pour dénoncer ses expérimentations sur les animaux. Le groupe aurait cependant cessé ces expérimentations depuis 1989, mais ne peut se porter garant de ses partenaires. La Commission fédérale du commerce des États-Unis a dénoncé L'Oréal en 2014 pour publicité mensongère, concernant ses gammes de produits qui annonçaient des propriétés antivieillissement « scientifiquement prouvées ». La même année, l'Autorité française de la concurrence inflige à L'Oréal (ainsi qu'à plusieurs autres grands groupes du secteur) une amende collective de plus de 600 millions d'euros pour s'être entendus sur les prix avec ses concurrents entre 2003 et 2006. En 2015, à la suite des accords de Paris sur le climat, le groupe signe avec 38 grandes entreprises françaises le manifeste pour le climat. Mais entre 2016 et 2018, L'Oréal aurait augmenté de 53,6 % ses émissions de gaz à effet de serre...

En 2017, l'UFC Que choisir dénonce la présence de perturbateurs endocriniens interdits par l'Union européenne dans plusieurs produits de la marque. En 2019, la Fédération allemande pour l'environnement et la protection de la nature (Bund) révèle, en utilisant les données fournies par l'Agence fédérale de l'environnement allemande comme par l'Agence européenne des produits chimiques, que 654 entreprises opérant en Europe ne respectent pas les normes. Ces entreprises, dont L'Oréal, emploient massivement des substances de synthèse interdites et potentiellement dangereuses. En 2020, l'association 60 Millions de consommateurs dénonce plusieurs groupes de produits cosmétiques, dont L'Oréal, pour l'utilisation de composants « toxiques ». En 2021, L'Oréal, accusé d'espionnage de franchise, est condamné à une amende de 370 000 euros. Puis, pour finir, une autre brève sur les activités de lobbying à l'Assemblée nationale, et dans les institutions européennes, et la dernière sur les conditions de travail des salariés avec un management privilégiant les horaires à rallonge et les rivalités entre salariés. On ne fait pas de shampoing sans casser des œufs...

Le saviez-vous ?

En se basant sur les données de l'entreprise, les inégalités salariales hommes/femmes seraient passées de 10 % en 2008 à 3 % en 2018. En 2019, L'Oréal affiche dans son rapport annuel 31 % de femmes cadres au Comité exécutif pour un total de 70 % de salariées, 64 % de managers et 47 % de femmes à des postes dits clés. Elles le valent bien.

Conclusion

On aime ou pas. On respecte ou pas ces entreprises. Mais force est de reconnaître que ces réussites sont exceptionnelles. Pour tout dire, hors du commun, quand on situe leurs points de départ. Elles font partie de nos vies, de notre société et de notre avenir. L'Oréal comme les autres. Et par là, elles comptent. Les chiffres du groupe nécessitent, pour être expliqués, le travail de mon co-auteur. Je vous laisse à ses bons soins, pour le gommage et l'application du masque de beauté.

L'analyse économique
par Jean-David Haddad

Contexte économique et capitalistique

L'Oréal est une des entreprises françaises les plus connues au monde. Il faut dire que, contrairement à beaucoup d'autres empires abordés dans cet ouvrage, nés pendant les Trente Glorieuses, L'Oréal a plus d'un siècle d'existence…

C'est en effet en 1907 qu'Eugène Schueller, sans argent, sans fortune, dépose un brevet d'invention pour un procédé de teinture pour cheveux. Deux ans plus tard, sa société, qui deviendra L'Oréal en 1939, était créée.

Le développement a été réalisé dans le monde des cosmétiques tout au long de l'entre-deux-guerres, puis après-guerre, comme cela a été évoqué plus haut, aidé par des accointances politiques. Je ne m'étendrai pas davantage sur l'historique, qui vous a largement été conté.

Nous sommes ici typiquement sur le capitalisme familial à la française, les connivences avec des hommes politiques, l'implication dans la Seconde Guerre mondiale, bref, autant de choses dont on ne parle plus beaucoup aujourd'hui, alors que l'entreprise L'Oréal est la 11e entreprise préférée des Français. Son développement s'est fait ensuite, comme cela a été relaté ci-dessus, au fil du temps, au niveau mondial, mais avec très peu de présence en Afrique, alors que l'Afrique constitue pourtant une terre de prédilection pour le capitalisme français.

La carte du monde suivante montre la présence de L'Oréal à travers la planète :

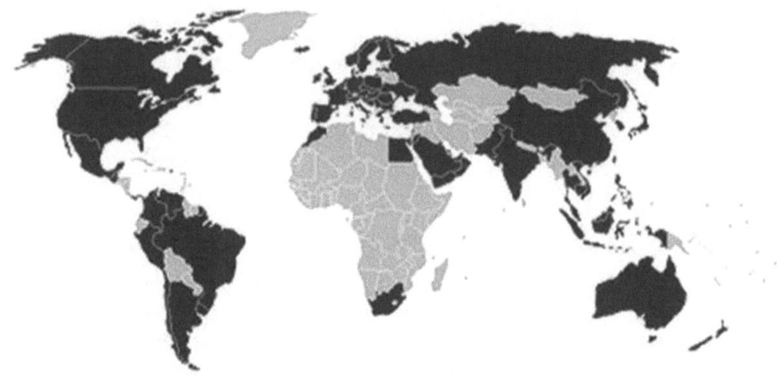

Aujourd'hui, on peut dire que L'Oréal n'est pas un groupe touché par l'inscription du capitalisme français au sein d'une dynamique de déclin relatif du monde économique occidental dans le contexte de la réémergence de l'Asie. En effet, le secteur d'activité de L'Oréal est un secteur sur lequel la France marque des points dans la compétitivité mondiale. L'Oréal et son secteur évoquent Paris, la mode, les parfums, le bien-être et, d'une certaine manière, le luxe à la française, même si les produits l'Oréal ne sont pas tous des produits de luxe, mais plutôt des produits cosmétiques grand public. Évidemment, de nombreuses marques de produits de luxe ont été achetées au fil du temps, donnant cette dimension au groupe. Citons Lancôme, Giorgio Armani ou encore Yves Saint Laurent.

Le groupe, qui appartient aujourd'hui en majorité relative à la famille Bettencourt (un tiers du capital), puis à Nestlé (23% du capital), est bien perçu du marché boursier. Cela a pratiquement toujours été le cas.

L'introduction en bourse de L'Oréal, aujourd'hui premier groupe cosmétique mondial, date de 1963, et son entrée au CAC 40 date tout simplement de la création du CAC 40, donc juste après le krach de 1987.

Le leader des cosmétiques peut donc se targuer, comme quelques autres entreprises présentées dans cet ouvrage (Michelin, Pernod-Ricard), d'être en quelque sorte un fondateur du CAC 40, n'ayant d'ailleurs jamais quitté l'indice...

Bourse et finances

La famille Bettencourt est, grâce à sa possession d'un tiers du capital de L'Oréal, l'une des familles les plus riches du monde. Et c'est principalement entre les mains de l'héritière Françoise Bettencourt Myers, fille de la défunte Liliane Bettencourt (décédée en 2017), que le capital se concentre. La fortune de Françoise Bettencourt Myers est estimée à environ 70 milliards d'euros en 2022, ce qui en fait la 12e fortune mondiale, mais la première fortune féminine mondiale, et enfin la troisième fortune française.

D'ailleurs, sa mère, Liliane, qui a longtemps été l'effigie du groupe L'Oréal à l'époque contemporaine (d'où notre choix d'illustration en début de chapitre), luttait régulièrement avec Bernard Arnault pour être sur la première marche du podium des plus grandes fortunes françaises. La France marque un point dans la représentation féminine au sein de la richesse mondiale, grâce au groupe L'Oréal, il faut bien le dire !

Pourtant, comme cela a été conté plus haut, dans la saga L'Oréal, la famille portant le nom Bettencourt n'a pas cofondé l'Oréal, mais les jeux d'alliance se sont faits. Liliane n'étant autre que la fille du fondateur Eugène Schueller ; et c'est avec André Bettencourt, ami de son père, qu'elle s'est mariée. Donc, aujourd'hui, l'héritière Françoise Bettencourt Myers est tout simplement la petite fille en ligne droite du fondateur.

Si cette famille est si riche, c'est parce que l'entreprise L'Oréal pèse lourd : aujourd'hui, c'est la deuxième capitalisation du CAC 40, pesant près de 200 milliards d'euros. Le chiffre d'affaires du groupe de cosmétique est de 32 milliards d'euros. Un chiffre vertigineux pour le commun des mortels, mais qui place le groupe en dessous de Bouygues, par exemple !

RANG DANS LE CAC 40

Capitalisation boursière : 2e/40
Chiffre d'affaires : 16e/40

C'est donc d'une part la représentation symbolique de l'Oréal, et d'autre part son profil financier, qui justifient cette belle cote d'amour du marché boursier.

Entre 2002 et 2021, le chiffre d'affaires du groupe est passé de 14,3 milliards d'euros à plus de 32 milliards (il a été multiplié par 2,3), avec un résultat net qui, lui, est passé de 1,45 à 4,59 milliards ! Soit un triplement. Le bénéfice croît plus vite que les recettes, qui elles-mêmes croissent. Nous sommes donc typiquement dans le cas de figure d'une entreprise de forte croissance, régulière et pérenne, sur un marché lui-même en forte progression, car le soin du corps est un leitmotiv de la société de consommation de masse, que ce soit en Europe, en Asie ou en Amérique. Et que nous avons le leader mondial en la matière.

Il n'est pas étonnant, donc, que le titre soit si prisé du marché, d'autant plus que les trous d'air sont très rares dans la progression du chiffre d'affaires et des résultats.

ANNÉE	2002	2005	2008	2013	2018	2021
CHIFFRE D'AFFAIRES (en milliards d'euros)	14,3	14,5	17,5	23	26,9	32,3
RÉSULTAT NET (en milliards d'euros)	1,45	1,54	2,06	2,89	3,90	4,59

Même la crise de 2008 n'a pas affecté la croissance de cette entreprise, cela est remarquable.

Et si l'on remonte plus loin, on peut même voir la progression de manière encore plus spectaculaire. En 1976, le chiffre d'affaires du groupe était de 1,5 milliard de francs, soit 243 millions d'euros. Soit donc 133 fois moins qu'en 2021 ! Les recettes de L'Oréal ont été multipliées par 133 en 45 ans ! Sur l'échelle d'une demi-vie, le parcours est gigantesque...

Sur les 20 dernières années, le titre L'Oréal, on s'en doute, a été un très bel investissement de la Bourse de Paris.

Le titre est ainsi passé de 80€ en moyenne sur l'année 2002 à plus de 360€ aujourd'hui. Il a été multiplié par 4,5. À cela s'ajoute un dividende régulier et en croissance, ne faisant pas pour autant de L'Oréal une action de rendement. Aujourd'hui, le dividende est de 4,60€ par action, ce qui fait un taux de rendement de 1,27%. Mais ce même coupon de 4,60€ donne un rendement de 5,75% par rapport au cours de bourse de 2002 ! Autrement dit, un particulier qui aurait acheté en 2002 verrait un dividende lui procurer 5,75% de rendement par rapport à son cours d'achat de 2002... En plus de la multiplication de la valeur de l'action...

Parcours boursier et rendement

En 20 ans : 1 000€ → 4 500€

Un particulier qui aurait placé 1 000€ sur L'Oréal en 2002 détiendrait aujourd'hui 4 500€, plus des dividendes réguliers en croissance régulière.

Comme pour beaucoup d'entreprises réalisant une forte croissance rentable sur un marché en croissance, et comme pour beaucoup de leaders mondiaux, on peut se demander si le titre L'Oréal n'est pas aujourd'hui beaucoup trop cher ! En effet, avec près de 200 milliards de capitalisation boursière, l'entreprise vaut plus de 40 fois son résultat net ! Ce qui est gigantesque. Ainsi, par rapport à Bouygues, qui est comparable en termes de chiffre d'affaires, on peut dire que L'Oréal vaut 4 fois plus cher ! Est-ce qu'elle le vaut bien ?

Dans l'absolu, peut-être… D'autant plus que L'Oréal est le premier actionnaire institutionnel de Sanofi avec plus de 9% du capital.

Mais pour le portefeuille d'un particulier, peut-être pas, car tout a un prix… et que dans le cas présent, le marché voit loin, anticipe déjà la croissance des bénéfices sur une ribambelle d'années à venir…

L'avis de l'expert

L'Oréal est un leader mondial sur un marché en croissance, et c'est une entreprise très bien gérée… Mais c'est un titre trop cher dans les cours actuels. Néanmoins, sur le long terme, un particulier qui aurait été capable de garder l'action en portefeuille bien longtemps aurait forcément été gagnant, par la croissance des dividendes et par la hausse du cours de l'action.

La saga
Pernod-Ricard

**Paul Ricard, 1909-1997,
créateur de l'entreprise Ricard**

La belle histoire

par Yoann Laurent-Rouault

C'est l'heure de l'apéritif, et cela tombe bien, les terrasses sont nombreuses sur le port. Parce que pour répondre à mon envie de l'instant, il me faut une place en terrasse, et de préférence au bord de l'eau. Là, nous sommes dans le Morbihan, sur le quai d'un petit port fluvial qui marque la halte ultime du navigateur avant de rejoindre l'océan Atlantique. La Vilaine passe tranquillement à ma droite, elle serpente sur le territoire sur une longueur de plus de 200 kilomètres et traverse plusieurs départements.

Si ce petit port de La Roche-Bernard n'a que peu de choses en commun avec celui de Marseille, puisque c'est elle qui est unanimement reconnue comme mère patrie de l'entreprise qui nous intéresse, pourtant, sous ce beau soleil de juillet, mon premier réflexe est de commander un anisé à la charmante demoiselle qui s'approche de moi toutes voiles dehors, puisque ça y est, « je suis assis en terrasse, con ! ».

Notez que je ne commande ni bière bretonne ni cidre. Mes ancêtres me le pardonnent. Je reste fidèle à mes habitudes estivales. Je commande un « 102 ». C'est-à-dire un double 51. Invention mathématique à la soûlographie impeccable, poétique et heureuse d'un certain monsieur Gainsbourg, qui, sans avoir revendiqué le brevet, en endossera cependant la paternité avec la reconnaissance éternelle des bistrotiers de France et de Navarre.

Le pastis est un sourire d'été. Et c'est aussi le sujet qui nous préoccupe ici, car il est l'élément de départ d'une grande aventure humaine et commerciale. Mais mon verre arrive sur un plateau jaune, étoilé comme un général américain, avec sa carafe et ses glaçons. Je verse trois volumes d'eau dans le verre, le mélange se trouble, voilà, ma fortune est faite.

Je ne peux m'empêcher de sourire et de penser, en dégustant le divin breuvage, qu'en 1941, sous l'Occupation, le gouvernement de Vichy estimait que la défaite était due en partie à la « France de l'apéro ». Pastis en tête. L'État de Vichy avait donc décidé d'interdire la consommation et la vente de boissons alcoolisées ayant un degré supérieur à 16°. Avec de telles mesures, il est évident que ces gens n'avaient aucune chance de durer. Je ne comprends pas alors pourquoi de Gaulle, depuis Londres, était inquiet pour l'avenir politique de la France. Quant à Charles Pasqua, qui rugissait contre cette « pantalonnade », il entra aussi sec en résistance à l'âge de 15 ans. Quoi qu'il en soit, entre autres drames de l'époque, il faudra attendre l'année 1951 pour que cette loi liberticide soit abrogée. L'année de la libération des boissons alcoolisées sera fêtée par Pernod avec la création d'un produit spécifique : le Pernod 51. Voilà pour la petite histoire.

Le saviez-vous ?

Charles Pasqua sera embauché comme représentant de commerce par Paul Ricard, en janvier 1952. Il grimpera les échelons et deviendra inspecteur des ventes en 1955, puis directeur régional en 1960, puis directeur général des ventes en 1962, puis directeur de l'exportation l'année suivante. Lorsqu'il quitte la société Ricard en 1967, il est le numéro 2 du groupe. Officiellement, à cette date, il était mis en cause pour la mauvaise gestion de son département. Mais la note des Renseignements généraux à son sujet affirme qu'il s'était « rendu coupable, tant sur le plan contractuel que délictueux, d'un véritable concert frauduleux d'actes caractérisés de concurrence déloyale ». Qué Pastis !

Je songe, en faisant nonchalamment tourner les glaçons dans mon verre, que nos amis, monsieur Pernod comme monsieur Ricard, reviennent de loin. Le moins que l'on puisse dire, c'est que le contexte au départ de leurs aventures ne leur était pas favorable. Je lis qu'en 1915, une loi interdit de vendre et de consommer des boissons anisées sur le territoire français. La consommation d'absinthe cause des remous en ce début de XXe siècle. L'alcool de la folie est stigmatisé et l'anis lui est associé. Et le phénomène est également additionné au refus de l'identité régionaliste que craignent les gouvernements, ô combien centralistes, de l'époque. Il y a aussi une volonté politique de lutte contre l'alcoolisme, qui rejoint les thématiques sociales féministes et catholiques de l'époque. Pour les raisons malheureuses que vous devinez et qui sont liées aux consommations excessives d'alcool dans les ménages. Cette interdiction sera pourtant levée en 1922. En 1938, un décret portera même à 45° le taux d'alcool autorisé dans les boissons. L'entreprise Pernod développera alors sa marque phare de l'époque, le fameux Pernod 45. Deux ans plus tard, l'eau pétillante et le Schnaps gagnant la sympathie des foules et le pastis perdant au suffrage, ces entrepreneurs reviennent de loin.

Mais, au fait, qu'est-ce qu'un Pernod ?

Le pastis 51 est obtenu par l'aromatisation d'alcool neutre (alcool à 96 %) avec des extraits d'anis étoilé de Chine ou du Vietnam. S'y ajoutent des plantes aromatiques provençales, du fenouil, de la réglisse d'Orient et de la noix de cola africaine. Les plantes (anis étoilé, fenouil) macèrent dans l'alcool avant qu'une double distillation ne permette d'obtenir une essence naturelle, nommée anéthol. Leur assemblage avec de l'essence de réglisse, diverses plantes aromatiques, de l'alcool neutre issu d'une double ou triple distillation et de l'eau purifiée donne le produit final qui titre à 45° d'alcool. D'accord, la recette est heureuse. Mais il n'y a pas là encore de quoi faire fortune. D'autant que la concurrence est sévère sur le marché, surtout à cette époque où tout exotisme fascine les consommateurs. Et dans la région méditerranéenne, d'autres produits, comme l'ouzo, par exemple, sont très bien installés.

Pernod avant de devenir Pernod-Ricard

Pour comprendre cette entreprise, le plus simple est d'en donner l'historique et de la mettre ensuite en concurrence avec Ricard, et de là, en arriver à l'année 1975, date où les deux entités commerciales ne feront plus qu'une.

Nous sommes en 1805, Henri-Louis Pernod crée la Maison Pernod & Fils à Pontarlier, dans le Doubs. En 1871, à presque 500 kilomètres de là, Ariste Hémard fonde à Montreuil la distillerie du même nom. En 1872, Jules-François Pernod fonde à Avignon la société « Pernod Père & Fils ». En 1918, Jules-Félix Pernod, son fil, dépose la marque « Anis Pernod ». C'est d'ailleurs lui qui sera reconnu comme le véritable inventeur du pastis, commercialisé à partir de son usine de Montfavet. En 1926, « Pernod Fils » fusionne avec la « Distillerie Hémard » pour former « La société des Établissements Hémard et Pernod Fils ». Les successeurs des Pernod de Pontarlier ayant déposé la marque « Anis Pernod fils », Jules-Félix porte plainte.
En 1928, le procès est gagné par la famille Pernod d'Avignon, et le 4 décembre fusionnent enfin les sociétés de Pontarlier, Avignon et Montreuil, qui deviennent les « Établissements Pernod ». Et c'est le départ de la saga Pernod qui commence, sous la forme que nous lui connaissons aujourd'hui. Les Établissements Pernod rachètent en 1965 la Distillerie « Suze ». En 1975, Jean Hémard (1914-1982), président de Pernod, et Paul Ricard, président de Ricard, réunissent leurs entreprises pour créer le Groupe Pernod-Ricard dont Jean Hémard devient le premier président. Arrêtons-nous là pour le moment, et intéressons-nous à la famille Ricard à présent.

Paul Ricard

Paul Ricard est né le 9 juillet 1909 à Marseille. En mars 1915, sous la pression des ligues de vertu et du lobby viticole, l'absinthe est donc interdite au prétexte qu'elle rend « fou et criminel ». Un triple meurtre commis par un père de famille sur son épouse et ses deux fillettes galvanisera l'opinion publique sur la nécessité de cette interdiction. De grands noms des arts et de la littérature renforceront l'idée que cet alcool rend fou, tant ils en abusaient et tant leurs comportements en société ont marqué les esprits de l'époque. Les peintres et les poètes maudits en tête de cortège, de Verlaine à Van Gogh en passant par Picasso ou Rimbaud.

Les consommateurs amateurs, après l'interdiction, se contenteront alors de liqueurs anisées à 40° pendant les sept années suivantes, dont le taux de sucre et d'essence est trop bas pour une saveur satisfaisante. En bref, on leur proposait de la chicorée en remplacement de leur café traditionnel.

Ces liqueurs étaient connues sous différentes appellations assez régionalistes, comme l'Amourette, la Tommysette ou le mélange de Marseille. Pour les marques déjà connues, nous retrouvons dès cette époque « Berger » et « Pernod ». On donnera à ces anisettes le nom générique « pastis », mot occitan qui grossièrement traduit signifie : « situation trouble ».

Paul Ricard est issu d'une famille de négociants en vins. Il aime l'art et souhaite entrer à l'École des beaux-arts de Marseille. Mais son père refuse. Il travaillera donc avec lui, dans l'entreprise familiale, et c'est au cours d'une tournée chez un bouilleur de cru local que, selon la légende, notre petit Paul Ricard, pas encore âgé de 15 ans, découvrira la recette d'un pastis à 60°.

Il tentera, quelque temps plus tard, de fabriquer son propre pastis dans un laboratoire de fortune et d'en faire un produit phare pour les amateurs du genre.

À la conclusion de ses travaux, il distribue et fait tester son mélange directement par les consommateurs des alentours, en toute illégalité, et sans que personne ne devienne aveugle. Puis il s'attaque aux comptoirs des cafés de son quartier, sans patente ni droits. Ce qui lui occasionnera des problèmes avec la police, la douane, les autorités du commerce et sa municipalité. Entre autres...
Puis vient ce fameux jour, la date des braves, l'armistice des bouilleurs de cru, le 7 avril 1932, et qui, ô journée faste, libéralise par décret la fabrication et la vente de boissons anisées à 40°. « Ricard, le vrai pastis de Marseille », est né.
C'est d'ailleurs, la première fois que le mot « pastis » apparaît sur l'étiquette d'un apéritif anisé. Paul commence ainsi à démarcher tous les débits de boisson de la ville pour se faire connaître et faire sa clientèle. Pour se différencier, il vend son pastis dans une bouteille d'un litre avec laquelle on peut tirer « cinquante verres ». Mon grand-père et moi-même vous dirions que c'est plutôt vingt-cinq, voir vingt verres que cinquante, mais bon, l'argument fonctionne.
En un peu plus d'un semestre, 250 000 bouteilles sont vendues en porte-à-porte cette même année. Paul Ricard gère tout de A à Z. Il est l'inventeur du fameux pichet à bec verseur qu'il offre avec les bouteilles, il dessine les affiches publicitaires, pense à la verrerie et aux gadgets pour la clientèle, du cendrier au porte-clés... En bref, il invente le design publicitaire populaire propre à la marque. Très vite, elle sort de Marseille. Un très large réseau de distribution est créé, les premiers camions sillonnent les routes de France, et grenadines dans le doseur, si j'ose m'exprimer ainsi, il double Pernod sur les ventes et devient propriétaire d'un argument imparable qui est celui d'associer la boisson à Marseille et à la Provence. En 1939, Paris devient le terrain de jeu de la famille Ricard, puis l'Espagne, puis l'Italie et enfin l'Afrique du Nord. Paul a alors trente ans.
Mais en 1940, l'entreprise est stoppée net dans son élan par les lois vichystes, comme nous l'avons lu plus tôt avec

la famille Pernod. Mais l'homme qui aura pour slogan « J'emmerde Pétain » ne cesse réellement ni le commerce ni le développement commercial, et sous couvert de mise en bouteille d'eau de source, de rizière camarguaise et autres diversions agricoles acquises dans l'entre-deux, il continuera de distiller, allant jusqu'à fournir de l'essence pour les camions de la résistance, fabriquée justement à base d'un distillat de fruits de son invention. Et servi sans glace, mais avec des pruneaux aux envahisseurs.

Au sortir de la Seconde Guerre mondiale, contre toute attente, les lois vichystes, même aménagées, perdureront jusqu'en 1951, comme nous le savons. C'est peut-être ce qui poussera Paul Ricard vers les États-Unis dans l'immédiat après-guerre. Il apprend là-bas les méthodes anglo-saxonnes de gestion des personnels comme de l'entreprise. Il en ramène aussi, entre autres, l'idée du sponsoring. Il commence sur ce terrain avec un évènement populaire très suivi des Français : le tour de France. Il place ses véhicules dans la caravane de la compétition, embauche les étoiles montantes de la chanson française pour des spectacles gratuits. Charles Trenet, Tino Rossi ou encore la délicieuse Annie Cordy y figureront ; en bref, Monsieur Ricard joue à « l'américain », té !

Mais, si en 1951, le pastis renaît, une autre loi toute fraîche de l'année elle aussi handicape le marketing Ricard. Les anisés n'ont plus droit aux affiches publicitaires et aux grandes campagnes de presse. Qu'à cela ne tienne, la crise de Suez lui permettra d'organiser en 1956 la campagne de « la caravane de la soif », préférant le dos des chameaux aux camions (la pénurie de pétrole aidant) pour livrer son pastis à Paris. Il ira assez loin dans ses extravagances marketing, et menthe verte sur les glaçons, il parviendra même à faire bénir son Pastis à Rome par le pape Jean XXIII en compagnie de son frère, Pierre Ricard, l'indispensable complice. Ce qui ne l'empêchera pas de sponsoriser et de tenir un stand à la fête de l'Humanité dans le même temps.

Sa politique était de ne pas mettre de barrière culturelle ou politique entre le produit et ses consommateurs. Ligne de conduite que la société tient encore aujourd'hui. Notamment en continuant les actions de mécénat à travers le monde. Ce capitaine d'industrie était un homme à l'esprit voyageur, qui savait se laisser influencer par les idées progressistes de son époque, et une fois n'est pas coutume pour un grand patron, même par celles des syndicats et des mouvements politiques ouvriers. Ses salariés, dès la fin des années 50, « sont à la pointe du progrès social des Trente Glorieuses » et les conditions de travail du personnel font beaucoup d'envieux dans le monde de l'industrie et du commerce : participation aux bénéfices, protection sociale, intéressement, épargne retraite, village vacances...

Précurseur, visionnaire, Paul Ricard achètera même une île pour la société Ricard. Elle se situe au large de Six-Fours, dans l'archipel des Embiez. La superficie de l'île est de 95 hectares. Le tour fait environ 6 km.

Le saviez-vous ?

Paul Ricard tente en 1961 un coup de pub très osé : la bénédiction du pastis Ricard par le pape. Pierre Ricard se rend à Rome, où la « fabbrica Ricard » reçoit la sainte onction de Jean XXIII. En présence de tous les employés de l'entreprise pour qui on a affrété un train spécial pour l'occasion. L'histoire ne dit pas si Jean XXIII le prenait sec, ou non, son Ricard...

Paul Ricard acquiert donc l'île des Embiez et l'île de Bendor dans les années 1950. Businessman mais aussi humaniste, il souhaite faire connaître ces îles au plus grand nombre. Sensibilisé à l'écologie, il crée l'institut océanographique sur Les Embiez pour lutter contre la pollution marine en 1966.

En 1968, Paul Ricard, âgé de 59 ans, décide de passer la main à son fils Bernard qui prend la relève, mais choc des générations et mésentente aidant, il doit céder sa place trois ans plus tard, en 1971, Paul étant en complet désaccord avec la direction que son fils donne aux affaires. L'exemple qui revient le plus après recherche est celui de l'acquisition des 48 % des champagnes Lanson (vieille maison de champagne depuis 1760) sur un emprunt bancaire...

Bernard Ricard, en retour, cèdera ses actions à Pernod (Suze, Cinzano, Dubonnet, Byrrh et Pampryl), qui détiendra, en 1974, 48 % du capital de Ricard. La fusion se fera naturellement en 1975.

Divergences d'opinions, conditions d'acquisition moyennes, peur de l'endettement...

Peur d'une trop grande diversification ?

Pourtant, la société Pernod, première concurrente de la maison Ricard, avait déjà prouvé par ses résultats que la diversification de produits est très bénéfique à l'entreprise dans le domaine des spiritueux comme des limonades.

Ce qui précipitera aussi vraisemblablement les choses, c'est que Paul Ricard a besoin d'argent pour financer la construction du circuit du Castellet, sur un site qu'il possède près de Signes sur un vaste domaine de mille hectares. Ce circuit va très vite devenir une référence des sports mécaniques. De la F1 aux grands prix moto comme le Bol d'Or. Beaucoup avancent que c'est pour financer ce projet pharaonique que Paul Ricard, en 1971, cède lui aussi une partie de ses actions à son éternel rival, Pernod.

Paul Ricard était un homme de passion. Et ces passions ne s'arrêtaient pas là : il fut aussi le mécène de navigateurs comme Alain Colas ou Éric Tabarly, qu'il soutint pour les premiers essais de construction de l'Hydroptère. Il créa aussi avec Charles Pasqua, alors salarié de sa maison, le premier tournoi mondial de pétanque. On retrouve aussi Paul Ricard dans des bourses, concours et fondations en littérature et en art, et aussi inscrit dans des évènements internationaux de tauromachie. On le retrouve aussi comme maire, engagé dans l'écologie et défendant le petit commerce. Paul Ricard incarne le destin d'un entrepreneur français hors-norme. Culotté, imaginatif et frondeur.

Voilà pour l'essentiel de son portrait, et sachant que depuis 1932, pas loin de trois milliards de bouteilles de Ricard ont été vendues, maintenant, nous allons aborder la troisième et dernière partie de ce chapitre consacré à la fusion de l'entreprise Pernod-Ricard, avant de retrouver l'analyse financière de Jean-David Haddad.

La fusion des deux grands

Plutôt que de faire de longs discours, pour jeter un regard panoramique sur le résultat de la fusion Pernod-Ricard, voici la liste non exhaustive des marques exploitées par le groupe, en anisés, alcools forts, vins et autres :
Chivas Regal. Ballantine's. Clan Campbell. Long John. Passport. The Glenlivet. AberlourTormore. Jameson Whiskey. Redbreast. Powers. Absolut. Wyborowa. Orloff Beefeater. Monkey 47. Cork Dry Gin. Olmeca. Suze. Amaro Ramazzotti. Jacob's Creek. Brancott. Campo Viejo. Graffigna. Kenwood. Vineyards. Champagne Mumm. Champagne Perrier-Jouët. Café de Paris. Lillet. Bartissol. Dubonnet. Byrrh. Ambassadeur. Ricard. Pernod. Pastis 51. Pacific. Bliss. Martell. Augier. Armagnac Marquis de Montesquiou. Malibu. Kahlúa. Cusenier. Havana Club. Montilla...

Ce catalogue des produits du groupe est une véritable invitation au voyage. Le réseau de distribution du groupe est impressionnant, et ceci sur les cinq continents et à travers 86 filiales directes, chacune rattachée à une région. En voici les principales entités comme indiquées, à qui veut se renseigner, sur la route des apéritifs :

– Pernod-Ricard EMEA & LATAM : produit des marques locales à travers ses filiales et distribue l'ensemble des produits dans toute l'Europe, à l'exception de la France où la distribution est assurée respectivement par les sociétés Pernod et Ricard ;
– Pernod-Ricard Asia : produit certaines marques locales et distribue les marques du groupe sur tout le continent asiatique ;
– Pernod-Ricard Americas : produit certaines marques locales et distribue les marques du groupe sur tout le continent américain ;
– Pernod-Ricard Global Travel Retail : distribue les marques dans les réseaux de Travel Retail.

Ce mélange, pour ne pas dire ce cocktail culturel, était une volonté de Paul Ricard, tout autant intéressé par les coutumes et les produits du domaine des spiritueux d'un continent que de l'autre. Cette ouverture d'esprit, plus opportuniste et financière chez Pernod que chez Ricard, conduira tout de même à disposer en rayon et au comptoir ce choix exceptionnel pour les consommateurs.
La politique du groupe reste aujourd'hui la même. Découvrir, inventer et s'adapter aux goûts des consommateurs, sans distinctions de classes ni d'idéaux. Bref, des produits neutres répondants aux demandes de toutes communautés. Relevons un effort particulier du groupe pour séduire par de savants mélanges le public féminin. Je me demande ce que les ancêtres de ces deux familles, les bouilleurs de cru et négociants en vins ou alchimistes fabricants d'absinthe des temps passés, diraient s'ils pouvaient voir tout cela...
Ceci encore, pour information, car le repère principal reste l'anisé :
« L'usine Pernod de Marseille produit 12,8 millions de litres d'anisés par an (dont 87 % pour le Pastis 51, 0,2 % pour l'absinthe), les usines de Pernod-Ricard en produisent 36,5 millions de litres annuellement, le groupe étant

le leader mondial du marché des boissons anisées (marché de 100 millions de bouteilles vendues dans le monde par an, 26 % étant écoulées en France) avec une part de marché de 45,6 % en valeur. » (Source : Wikipédia)

Le groupe Pernod-Ricard est créé à la suite de la fusion de décembre 1975, comme nous l'avons vu. Ce qui est intéressant, c'est que le « petit jeune » (Ricard 1932) a dépassé l'ancêtre (Maison Pernod 1805) sur son propre terrain. Mais dans cette réunion prestigieuse, nous avons pourtant tous les éléments d'une réussite française hors-norme. D'un côté, nous avons l'audacieux et créatif Paul Ricard, capable d'aller contre les lois, contre les lobbys viticoles, nous avons un homme que la difficulté stimule, qui est une mesure-étalon vivante de ce qu'on appelle aujourd'hui un « self made man », humaniste et écologiste avant même que ces sujets deviennent d'actualité.

De l'autre, nous avons une famille qui naviguait dans le monde du spiritueux depuis plus de 120 ans à la date où Paul Ricard crée son entreprise. Une famille prudente à tendance rigoriste, bourgeoise et bien introduite dans les différents régimes qui se sont succédé tout au long de sa propre histoire (monsieur Hémard fut député, par exemple), une famille gérant son patrimoine d'une main de fer et les crises familiales en justice et qui associera son nom comme une dot à tout nouveau mariage commercial. Famille industrielle plus que commerçante qui comprend très tôt l'utilité d'une diversification des produits et l'importance du catalogue. Le résultat final en est assez stupéfiant. Je laisse le soin à mon co-auteur de vous révéler les dessous financiers de cette saga pour la famille Pernod comme pour la famille Ricard.

Je passe volontairement quelques étapes pour arriver à une synthèse de l'activité du groupe. Je lis : « *En 2001, Pernod-Ricard acquiert l'activité vins et spiritueux du groupe canadien Seagram, mis aux enchères par Vivendi Universal à la suite de la fusion Vivendi-Seagram en 2000, et se sépare de ses boissons non alcoolisées, parmi lesquelles Orangina et Pampryl.* » (Source : Wikipédia)

Je me rappelle la montée au créneau de la classe politique française qui voulait conserver la marque Orangina sous les ailes du coq gaulois. Perdre Orangina, c'était un peu comme vendre la Vache qui rit à un équarrisseur bruxellois…

J'aime l'idée qui souligne que la France est attachée à ses marques et qu'au final, des sociétés comme Pernod-Ricard, Renault, Dior ou autres font partie d'un patrimoine commun et que la portée de leurs histoires est bien plus que commerciale et financière. Elle est aussi sociale et historique.

Le saviez-vous ?

Lancée en 1935 par Léon Beton, la boisson pétillante est déjà vendue dans sa bouteille iconique en forme de poire. À l'époque, celle-ci est surnommée Naranjina. Le 14 janvier 1985, la marque Orangina rejoint le groupe Pernod-Ricard. En 2001, Cadbury Schweppes rachète Orangina-Pampryl à Pernod-Ricard.

En 2005, alors numéro 3 mondial des spiritueux, Pernod-Ricard négocie avec la société Fortune Brands le rachat du numéro 2 mondial, son concurrent britannique Allied Domecq, détenant des marques fortes comme les champagnes Mumm et Perrier-Jouët, les liqueurs Malibu ou Kahlúa, le gin Beefeater, ou encore le whisky Ballantine's. Médaille d'argent sur le podium pour le groupe. Cette acquisition fait de Pernod-Ricard le n°2 mondial des vins et spiritueux.

Le groupe a une influence mondiale aujourd'hui, mais toutes ses transactions provoquent de la « casse sociale », contrairement à la politique que défendait Paul Ricard. Près d'un millier d'emplois seront supprimés en France de 2008 jusqu'à nos jours.

En mars 2008, Pernod-Ricard annonce l'acquisition pour 5,6 milliards d'euros de « Vin & Sprit » qui possède, entre autres marques, la vodka Absolut Vodka. En 2008, le chiffre d'affaires de Pernod-Ricard s'élève à 6,5 milliards d'euros, pour un résultat net de 840 millions d'euros. Elle emploie plus de 17 000 salariés. Et elle est alors numéro un dans le secteur des spiritueux en Europe, au Japon, au Mexique, au Brésil, en Chine et en Russie. En avril 2014, Pernod-Ricard acquiert l'entreprise américaine spécialisée dans le vin : Kenwood Vineyards. En mars 2016, Pernod-Ricard prend une participation majoritaire dans Monkey 47, fabricant allemand de gin. En 2019, Pernod-Ricard acquiert Firestone & Robertson Distilling, une entreprise américaine propriétaire de la marque de whiskey TX. Toujours en 2019, Pernod-Ricard rachète pour 201 millions d'euros l'Américain Castle Brands, propriétaire du bourbon Jefferson's. Ce n'est pas une déclaration d'indépendance, mais presque.

En mars, le groupe prend une participation dans « KI NO BI » un gin artisanal japonais, et acquiert « Italicus », un apéritif italien en vogue.

Aujourd'hui, près de 20 000 collaborateurs travaillent pour le groupe Pernod-Ricard au sein de 86 filiales à travers le monde. Cette réussite est une histoire française. Pas si éloignée de l'histoire de grands noms anglo-saxons qui ont eux aussi une résonnance mondiale. Elle s'étale sur plus de deux siècles et s'est construite sur la passion et la détermination de ses entrepreneurs comme sur le terroir et ses recettes. L'histoire d'une grande marque populaire est aussi celle de ses consommateurs. C'est avant tout ce qu'il faut retenir du succès de Pernod-Ricard.

L'analyse économique
par Jean-David Haddad

Contexte économique et capitalistique

Pernod-Ricard, c'est la contraction de deux noms, celui de deux familles françaises, l'une du XIXe siècle et l'autre du XXe, dont les noms ont fusionné en 1975. Un personnage fut central dans la saga, Paul Ricard, dont les aventures viennent de vous être contées.

Aujourd'hui, Pernod-Ricard est le deuxième groupe de spiritueux au monde, derrière le Britannique Diageo. C'est une fierté de la France.

Empiriquement, on constate que de la fusion entre Pernod et Ricard en 1975, il ne reste que Ricard au pouvoir. En effet, la famille Pernod a disparu des postes de commandement ainsi que du capital.

Bien que le commandement du groupe, juste après la fusion, soit revenu à Paul Hémard qui était alors président de Pernod, ce sont ensuite les descendants de Paul Ricard qui ont été aux commandes, jusqu'à aujourd'hui. D'abord Patrick, le fils de Paul, qui en assura la présidence de 1978 à son décès en 2012. Puis désormais Alexandre, neveu de Patrick et petit-fils de Paul, qui occupe le poste depuis 2012.

La présidence de Patrick Ricard fut synonyme d'internationalisation du groupe, qui est alors passé de 17 % de ses ventes à l'international à 90 % aujourd'hui. Une internationalisation qui s'est principalement réalisée par de la croissance externe, donc des rachats d'entreprises. Citons ainsi, parmi tant d'autres, les acquisitions de Campbell

Distillers en Écosse, Austin Nichols aux États-Unis, Ramazzotti en Italie, ou encore Irish Distillers qui regroupe tous les producteurs de whisky irlandais.

La famille Ricard contrôle également 16,3 % du capital du groupe, via sa holding, ce qui en fait le premier actionnaire, avec par ailleurs 22,3 % des droits de vote.

Pernod-Ricard apparaît donc clairement comme une multinationale de grande taille (18 900 salariés, 8,45 milliards d'euros de chiffre d'affaires sur l'exercice 2019-2020) qui a su rester familiale tout en s'ouvrant aux fonds étrangers et à la mondialisation, y compris capitalistique. Ainsi, le géant américain Blackrock dispose de plus de 9 % du capital, le groupe financier belge Bruxelles Lambert en possède 7,5 % et divers fonds américains en font également partie.

On peut dire que Pernod-Ricard a su maintenir au fil du temps un bel équilibre.

Bourse et finances

Cotée en bourse, bien entendu, Pernod-Ricard est une entreprise très appréciée du marché. En effet, les investisseurs adulent son modèle économique basé sur une large diversification tant au niveau du marché des vins et spiritueux qu'au niveau géographique avec une présence sur près de 100 pays.

Les investisseurs apprécient aussi la croissance régulière du chiffre d'affaires, d'année en année, ainsi que le très fort taux de marge nette, c'est-à-dire les bénéfices qu'il reste à l'entreprise une fois tous les frais payés. Ce taux de marge nette oscille suivant les années, entre 12 et 18 %, ce qui est énorme dans le paysage du CAC 40.

Quelques chiffres consignés dans le tableau suivant témoignent de la qualité de ce groupe.

ANNÉE	2007	2010	2013	2016	2020/21
CHIFFRE D'AFFAIRES (en milliards d'euros)	6,44	7,08	8,57	8,68	8,82
RÉSULTAT NET (en milliards d'euros)	0,83	0,95	1,17	1,23	1,31

Cette très belle cote d'amour que vouent les investisseurs à Pernod-Ricard se retrouve dans la capitalisation boursière du groupe, sa valeur en bourse, son prix en quelque sorte, qui est de 51 milliards d'euros en avril 2022, soit plus de 5 fois le chiffre d'affaires annuel et environ 38 fois les bénéfices sur 2021.

Pernod-Ricard apparaît comme un poids plume du CAC 40 en termes de chiffre d'affaires, mais un poids moyen de l'indice en termes de capitalisation boursière. En effet, c'est en juillet 2021 la 18e capitalisation boursière de l'indice mais la 33e entreprise sur 40 sur le critère de son chiffre d'affaires.

RANG DANS LE CAC 40

Capitalisation boursière : 18e/40
Chiffre d'affaires : 33e/40

Détenant 16,3 % du capital, la famille Ricard pèse donc 16 % de 51 milliards, soit plus de 8 milliards d'euros. Il n'est pas courant qu'une entreprise de cette taille, en France surtout, soit valorisée à plus de 5 fois son chiffre d'affaires. Mais avec de tels ratios de valorisation, le marché récompense à la fois une croissance constante, un management de qualité et le fameux équilibre mentionné plus haut entre la préservation du modèle familial et l'ouverture à la grande finance internationale.

Pour de nombreux particuliers, l'action Pernod-Ricard fait partie des valeurs de la Bourse de Paris qui inspirent confiance et constituent un placement fiable de long terme. La dette de 14,5 milliards d'euros (en 2020) n'en pénalise nullement la perception, car face à elle se trouvent de très beaux actifs immatériels constitués par les marques du groupe, renommés et connus dans le monde entier. Par différence entre ses passifs et ses actifs, le groupe possède 15 milliards de capitaux propres.

L'histoire récente n'a pas démenti cette cote d'amour. Le titre est ainsi passé de 30 € en moyenne en 2002 à environ 200 € en 2022.

Parcours boursier et rendement

En 20 ans : 1 000 € → 6 700 €

Un particulier qui aurait placé 1 000 € sur Pernod-Ricard en 2001 détiendrait aujourd'hui 6 700 €, plus des dividendes réguliers qui viennent chaque année rémunérer ce placement. Sans être considérée comme une valeur de rendement, l'action Pernod-Ricard a néanmoins toujours distribué à ses actionnaires un dividende annuel, ce dernier s'étant établi à 1,79 € en 2021.

Évidemment, le titre a souffert des crises, non en raison des qualités intrinsèques de l'entreprise, mais car il fait partie de l'indice CAC 40 et suit donc le mouvement. Ainsi, entre juin 2007 et mars 2009, l'action Pernod-Ricard est passée de 80 € à 40 €, mais elle a repris de la hauteur bien plus vite et bien plus fortement que le CAC 40. La crise du Covid l'a fait passer, en 2020, de 180 à 120 €. Un an après le krach de mars 2020, elle était revenue au-dessus de ses plus hauts.

L'avis de l'expert

Pernod-Ricard est un titre à mettre en portefeuille pour le long terme lorsque le marché dans son ensemble dévisse, comme en 2008 ou en 2020.

La saga
François Pinault

François Pinault, né en 1936, fondateur de PPR (devenu Kering), président d'Artemis

La belle histoire

par Yoann Laurent-Rouault

François Pinault a fondé sa première entreprise au début des années 60, dans le négoce de bois, avant de la transformer à la force du poignet en un grand groupe du secteur. À la fin des années 1980, il diversifie ses activités en perçant dans le domaine de la distribution, puis dans le secteur du luxe à la fin des années 1990. En 2003, il passe le relais à son fils François-Henri, et se consacre à sa passion pour l'art. François Pinault est classé 24ᵉ fortune mondiale en 2021, 5ᵉ fortune française, et figure parmi les 10 plus grands collectionneurs d'art contemporain au monde.

François Pinault est né au mois d'août 1936. Albert Le Brun est président de la République et son ministre de l'Éducation nationale, Jean Zay, vient de faire passer la loi sur l'instruction primaire obligatoire, le 9 août 1936. Léon Blum œuvre, c'est le temps du Front populaire, des 40 heures et des deux semaines de congés payés. Le 1ᵉʳ août de la même année, à 16 heures, devant 120 000 spectateurs rassemblés dans le nouveau stade de Berlin, Hitler ouvre les XIᵉ Jeux olympiques modernes. L'URSS de Staline reste absente, refusant de s'afficher dans une manifestation « bourgeoise ». En Espagne, c'est le siège de l'Alcazar de Tolède. Franco a déjà appelé à l'insurrection. Le congrès mondial des musulmans dénonce le rattachement de la France à l'Algérie.

François Pinault se vantera de n'avoir pour diplôme que son permis de conduire, ne sera pas amateur de vacances, ne cèdera pas aux nazis qui tabasseront son père devant lui pour qu'il dise où sont cachés deux aviateurs anglais recherchés, n'aura aucune sympathie communiste, mais deviendra ami avec beaucoup de grands politiques de droite comme de gauche. Il investira massivement et construira « en dur » des châteaux en Espagne ; il sera engagé volontaire militaire pour deux ans et fera la guerre d'Algérie.

Aux Champs-Géraux, dans une commune rurale de l'est du département des Côtes-d'Armor, situé à 7 km au sud-est de Dinan et à une bonne quarantaine de kilomètres au nord-ouest de Rennes, un marchand de bois, paysan d'origine, est heureux comme un pape en ce mois d'août 1936. Son épouse vient de lui donner un fils. La famille de François est plutôt traditionnelle et vit comme des centaines d'autres familles aux alentours. Chez les Pinault, on parle le gallo, mâtiné de patois breton. On travaille dur, ce n'est pas la bourgeoisie, les femmes, mère et grand-mère gèrent la maisonnée et le catholicisme habite les murs.

En 1947, il devient pensionnaire au lycée Saint-Martin de Rennes. Il quitte l'école à seize ans, peu convaincu par les bons offices des pères, et va travailler dans la scierie familiale. Quatre ans plus tard, à vingt ans, il quitte sa famille pour combattre en Algérie de 1956 à 1958. Il est artilleur. En 1959, la mort de son père bouleverse les choses. François vend l'affaire familiale et devient chef d'exploitation, chez Gautier Frères, une entreprise de bois rennaise. C'est le début de l'aventure.

Le cheval de Troie

En 1962, François Pinault reprend avec l'aide du Crédit Lyonnais, décidément très présent dans de nombreuses sagas, l'entreprise de vente de bois de son beau-père. Les Établissements Pinault naissent. Très vite, ses talents d'entrepreneur se révèlent. Son idée, et c'est ce qui va lui permettre d'embrayer, est de supprimer les intermédiaires dans le négoce du bois et de traiter directement avec les scieries du Nord européen.

En 1969, les Établissements Pinault importent 35 000 m^3 de sapins du Nord.

En 1973, sous la pression du Crédit lyonnais qui veut conclure l'affaire, il vend son entreprise de bois à Venesta International, une holding britannique, pour la coquette somme de 25 millions de francs. Pinault investit alors massivement dans le sucre à la Bourse du commerce. Avec l'envolée des cours du sucre en 1974, situation inédite pour le produit (on en fera un film, de Jacques Rouffiot, avec Carmet et Depardieu), il empoche une plus-value de 100 millions de francs. Et le Breton, connu pour son entêtement et son amour des vents contraires, reprend Pinault SA à Venesta, alors au bord du dépôt de bilan, pour seulement 10 millions de francs. Ce qui lui laisse en plus un large bénéfice.

Beaucoup d'analystes disent que Pinault est un homme qui a construit sa fortune en devançant les évènements et en allant justement là où l'entrepreneur moyen aurait tendance à ne pas oser mettre les pieds. Voire à subir. Lors du premier choc pétrolier, au début des années 70, sentant que la crise menacera à plus ou moins court terme le secteur du bois, il mettra un terme à ses contrats d'importation. Les cours du bois s'effondrent quelques mois plus tard et la guerre des prix qui en découle permet à François Pinault de racheter la plupart de ses concurrents en faillite. L'anticipation n'est pas toujours romanesque. Chez ce raider, souvent décrit comme sans états d'âme, doté d'un flair presque infaillible, le parcours d'entreprise n'est qu'une longue suite de rachats de sociétés de plus en plus grosses. Son opiniâtreté est heureusement relayée par la compréhension des banques, diront les plus critiques. Il sera aussi l'homme des amitiés politiques ; rappelons les polémiques autour de la relation Chirac-Pinault dans les années 90, et il saura s'en servir.

Citons maintenant un passage d'un des nombreux articles qui sont consacrés au personnage, que dis-je, au « phénomène Pinault ». Le ton, un tantinet partial de l'auteur, est assez révélateur de ce que nos milliardaires français véhiculent comme image. Comme disait Michel Colucci, philosophe : « Quand tu leur serres la main, tu recomptes tes doigts après. » Voici : « *Flairées aux abords des tribunaux de commerce, les entreprises chancelantes passent par dizaines dans le sac du Breton. Du bois, où il prend une position dominante avant de s'en défaire, on passe au sucre, puis à l'immobilier. On saute sur le commerce de détail (Printemps-Redoute), on fait main basse sur la librairie (FNAC), on rachète un grand domaine du Bordelais, Château-Latour. On passe à la mode (Gucci), à l'art (le rachat à 100 % de Christie's). La presse enfin : une participation au Monde, le rachat à 100 % du Point. Les méthodes ? Elles sont au cœur des questions que pose ce Médicis moderne aux dents d'acier. Plus chanceux, plus rusé sans doute que Bernard Tapie, il a entraîné l'État ou les banques dans des aventures où la débâcle fut pour les autres : pour le gouvernement, pour les établissements financiers, dont le Crédit Lyonnais. À plusieurs reprises, le contribuable s'est fait prendre en faute. Reste le Breton, chez lui. Mécène de l'école de son enfance (il lui a offert une poignée d'ordinateurs), supporter d'une chaîne de télévision, c'est aussi le riche propriétaire, à hauteur 49 % du capital, du FC Rennes. Corsaire et saint patron. Riche, très riche surtout.* » (Source : Antoine Bosshard, <u>letemps.ch</u>, 2000)

Les milliardaires ne font décidément pas l'unanimité. Dans mes recherches, je trouve plus de critiques que de félicitations, sur à peu près tout. Le rejet de la mondialisation aide peut-être, l'essor du commerce franchisé passant par la mort du petit commerce, les valeurs d'antan qui lèvent le camp, tout ceci, si l'on y ajoute les compromis légaux ou politiques, les histoires de financements occultes, leurs marottes de milliardaires, plus ou moins utiles à la majorité de leurs concitoyens et les casseroles juridiques, tout ceci, donc, n'aide pas à leur donner l'absolution. Mais le pire, pour nos oligarchies, c'est certainement cette tendance « people » qui fait bien comprendre à tous qu'eux et nous, nous n'avons vraiment pas les mêmes valeurs. Jusque dans l'assiette anglaise. Quant aux sommes annoncées, aux fortunes affichées, pour beaucoup de gens, les chiffres sont totalement indécents. Pour d'autres, abstraits. En France peut-être plus qu'ailleurs...

Le saviez-vous ?

Relations politiques de Pinault. Jacques Chirac et sa femme Bernadette ont passé les dernières années de sa vie dans un hôtel particulier parisien mis à disposition par l'homme d'affaires et où l'ancien président est décédé. Outre Jean-Marie Le Pen et Dominique de Villepin, il entretenait aussi quelques amitiés au PS. En 2012, il annonce son intention de voter pour François Hollande, avec qui il serait ami depuis 2011, selon *Le Canard enchaîné*. Lors d'un entretien accordé au *Monde*, le 22 juin 2018, il déclare que le président Emmanuel Macron « ne comprend pas les petites gens [et] mène la France vers un système qui oublie les plus modestes ». Je le pensais, mais là, si c'est Pinault qui le dit...

Un CV à la Tapie ?

À partir de 1978, François Pinault monte une équipe spécialisée dans les reprises d'entreprises en difficulté qui méritera amplement ses salaires. Il reprendra plus de 60 sociétés. Il récupèrera des affaires de négoce, des menuiseries industrielles, des fabricants d'huisseries, de

lambris et de toitures… bref, tout ceci à bas prix. Je lis :
« *En 1986, il rachète le fabricant de panneaux de bois Iso-roy pour 1 franc symbolique. Il y investit 400 millions, dont 130 millions provenant de subventions publiques, supprime 1/4 des postes, et revend l'entreprise en 1992. En 1987, il rachète le producteur de papier journal Chapelle Darblay (dans lequel l'État avait injecté 2,3 milliards de francs en six ans) avec un prêt de 300 millions du Crédit Lyonnais et en partenariat avec le Canadien Cascades. En 1990, Pinault SA revend Chapelle Darblay aux groupes suédois Stora et finlandais Kymmene pour 1,4 milliard de francs.* » (Source : <u>Wikipédia</u>)

La valse à mille temps
au grand bal de fin de siècle

Lisons maintenant cet historique, non rédigé et retraçant le parcours du groupe Pinault, comme il est annoncé sur différents supports, web ou papier : « *Le 25 octobre 1988, Pinault SA fait son entrée à la Bourse de Paris. En mars 1989, Pinault SA rachète la CFAO, puis les deux entités fusionnent l'année suivante. En 1991, lorsque Bernard Arnault restructure son groupe autour de ses activités luxe, il vend Conforama au groupe Pinault. En 1992, celui-ci rachète la holding détenant le Printemps pour 5,3 milliards de francs. Le 22 décembre 1992, Pinault SA devient Pinault-Printemps avec un chiffre d'affaires annuel de 70 milliards de francs. En 1992 également, François Pinault crée également Artémis, société qui contrôle Pinault SA à 54,6 % et qui est contrôlée par Financière Pinault à 75,5 %, elle-même détenue à 55 % par la famille Pinault. Le Crédit Lyonnais entre à hauteur de 20 % au capital de la Financière Pinault, et 24,6 % dans Artémis. En 1994, François Pinault fusionne Pinault-Printemps avec La Redoute pour créer le groupe Pinault-Printemps-Redoute. Il reprend 64,6 %*</i>

de la Fnac et entre au conseil d'administration du Crédit Lyonnais. Sa société Artémis rachète le magazine Le Point en 1997, la maison de ventes aux enchères Christie's en 1998, puis le magazine financier L'Agefi en 2000. En 1998, Artémis rachète le Stade rennais FC. En décembre 1998, Vincent Bolloré cède à Artémis les 12,61 % de parts qu'il détient dans Bouygues, ce qui fait monter à 16 % la participation de la holding de François Pinault dans l'empire Bouygues. » (Source : Wikipédia)

Luxe et volupté

Mais sans charentaises. En 1999, le groupe prend 40 % de la marque de luxe Gucci, et 100 % de Sanofi Beauté, qui possède Yves Saint Laurent. Ces acquisitions indiquent que le groupe se dirigera progressivement vers le secteur du luxe. En parallèle, les autres activités financières du groupe seront cédées progressivement sur les marchés. À partir de l'année 2000, François Pinault partage la gestion de Financière Pinault avec son fils François-Henri, structure qu'il cède en donation-partage à chacun de ses 3 enfants en 2001.

En 2003, il cède la présidence d'Artémis à son fils François-Henri, ainsi que son poste de vice-président du conseil de surveillance de Pinault-Printemps-Redoute.

Le 21 mars 2005, son fils François-Henri devient président du directoire de PPR.

En 2013, Pinault-Printemps-Redoute, devient « Kering », groupe de luxe français propriétaire de Gucci, Yves Saint-Laurent, Boucheron, Alexander McQueen et plus si affinités. En 2018, le groupe Kering enregistre un chiffre d'affaires de 13,66 milliards d'euros, en progression de 26,3 % par rapport à l'année précédente. Reste à savoir si les cadeaux de fin d'année de l'entreprise étaient à la hauteur...

Le saviez-vous ?

La Redoute fut fondée en 1837, par Joseph Pollet. Quand il s'installe à Roubaix, il ouvre la première filature de laine peignée. Son fils, Charles, lui succède, monte une autre filature en 1873 et construit une usine qui se nommera « Filatures de La Redoute », en référence à la rue de Roubaix où elle est implantée. Au lendemain de la Première Guerre mondiale, pour faire face à la crise du textile, la famille Pollet cherche le moyen d'écouler ses stocks. Elle fait paraître, sous forme publicitaire, une petite annonce dans le quotidien *Le Journal de Roubaix* du 12 octobre 1922, intitulée : « Pour tricoter ». Et c'est là le début de La Redoute que nous connaissons. En 1928, le fichier des clients compte 600 000 noms, ce qui incite les Pollet à concevoir un « support spécifique de diffusion et promotion de leurs articles ». Ainsi naît le catalogue de vente par correspondance et sa logistique. Le premier catalogue de La Redoute est publié en 1928 : sous un petit format de seize pages, avec une quarantaine d'articles uniquement centrés sur le tricot. Dès 1933, les premières photographies en noir et blanc apparaissent. Les premiers catalogues sont entièrement dessinés. En 1956, La Redoute commence à vendre des produits pour la maison. Le catalogue ne cesse de grossir au fil des ans. À la veille du XXIe siècle, on trouve quasiment de tout dans le catalogue : 1 218 pages et 66 000 références en 1999, date à laquelle la société est leader français de la vente par correspondance. À partir de 2010, les ventes baissent de 10 % par an et La Redoute perd plusieurs dizaines de millions d'euros par an. En octobre 2013, le groupe Kering annonce chercher un repreneur pour La Redoute. Le groupe Kering a investi 315 millions d'euros dans la transformation du groupe, et 180 millions dans son volet social, avec notamment la suppression de 1 178 postes sur 3 437 en quatre ans. En 2015, La Redoute accuse un résultat en perte de 40 millions d'euros sur un chiffre d'affaires de 750 millions. En 2017, le Groupe Galeries Lafayette annonce le rachat de La Redoute avec une prise de participation majoritaire de 51 %.

Ambroise Pinault

François Pinault est un collectionneur d'art, ce n'est pas un secret. Sa collection est estimée à près de deux milliards de dollars. Il figure parmi les dix plus grands collectionneurs d'art contemporain au monde. Dans les années 1970, pour François Pinault, le déclic aurait été une peinture de Paul Sérusier. 20 ans plus tard, il achètera le tableau *Losangique II* de Piet Mondrian pour 8,8 millions de dollars. Œuvre d'abstraction géométrique pour l'historien d'art que je suis et œuvre d'abstraction financière pour le bonhomme que je suis. Il se constitue dans les années 1990 une importante collection privée d'art contemporain. En 1998, il rachète la maison britannique de vente aux enchères Christie's pour 1,2 milliard d'euros. François Pinault reprend ensuite 80 % du Palazzo Grassi situé sur les bords du Grand Canal à Venise. Puis la Punta della Dogana, ce qui rajoute 5 000 m² de surface d'exposition aux espaces du Palazzo Grassi. En 2013, il lance la rénovation du Teatrino, petit théâtre adjacent au Palazzo Grassi, alors en ruine. La rénovation est confiée à l'architecte japonais Tadao Andō qui y conçoit un auditorium de 225 places. En 2015, François Pinault inaugure, à Lens, la première résidence d'artistes de Pinault Collections. En 2016, François Pinault officialise avec la mairie de Paris le projet de transformer la Bourse de commerce de Paris en musée d'art contemporain. La rénovation du bâtiment est financée par François Pinault et s'élève à 120 millions d'euros. Pinault Collection développe une activité de prêts d'œuvres à l'international, et organise des expositions jusqu'à Moscou. Bloomberg estime sa collection à 5 000 œuvres d'art représentant une valeur de 1,2 milliard d'euros, une estimation que Pinault Collection qualifie d'incorrecte sans donner de détails supplémentaires.

Le saviez-vous ?

En 2000, François Pinault annonce son intention de bâtir un musée sur l'île Séguin pour y héberger sa vaste collection. Le projet implique de vastes remaniements d'urbanisme pour la ville de Boulogne-Billancourt, ce qui ralentit le plan initial. La complexité du projet couplée aux contentieux avec les riverains et l'attentisme de Pinault retardent le lancement des travaux. En 2005, il renonce à son projet sur l'île Séguin.

Après Pinault Collection, voyons du côté de Pinault Mécénat

Retrouvons-en la liste, non exhaustive : en 1990, par suite de l'incendie de la forêt de Paimpont en Bretagne, François Pinault finance le projet de nettoyage et de reboisement. En 2000, il fournit une aide financière importante pour venir en aide aux îles bretonnes touchées par le pétrole de l'Erika. En 2013, il reprend le Théâtre Marigny et place Robert Hossein à la direction artistique. En 2018, après cinq années de fermeture pour des travaux s'élevant à 20 millions d'euros, le théâtre rouvre ses portes. En 2019, à la suite de l'incendie de Notre-Dame de Paris, la famille Pinault annonce son intention de débloquer 100 millions d'euros pour sa reconstruction. En avril 2019, dans le cadre de la mission patrimoine de Stéphane Bern, il donne 150 000 euros pour la rénovation de l'église Saint-Léon de La Baussaine. En octobre 2019, la Villa Greystones, propriété de François Pinault, est classée monument historique...

Le saviez-vous ?

Vignobles et grands crus. En 1993, François Pinault rachète 94,5 % du vignoble du Premier cru Château Latour. Il reprend le domaine vigneron René Engel, renommé Domaine d'Eugénie à Vosne-Romanée en 2006. Le domaine produit six vins sur cinq appellations, puis il reprend en monopole le Château Grillet en 2011. En 2012, il s'offre une part du prestigieux Grand Cru Montrachet achetée au Château de Puligny-Montrachet. En 2013, il rachète le domaine californien de la Napa Valley Araujo. En 2018, Artémis reprend le monopole grand cru Clos de Tart (côte de Nuits).

Pinault quincaillerie

Quelques démêlés fiscaux, controverses sur le marché de l'art, contentieux juridiques et amendes émaillent aussi le parcours de notre milliardaire.

En 1997, ayant souscrit à un emprunt de 140 millions de francs pour acquérir de nouvelles actions de ses propres sociétés, François Pinault parvient à ne pas payer l'impôt de solidarité sur la fortune (ISF). Notons que depuis, ils sont épargnés par la procédure.

En 2001, dans le cadre de l'affaire Executive Life, des documents de 1994 refont surface et ils l'identifient comme propriétaire de la Forest Product International, société de droit néerlandais qui détient anonymement 1/3 de la Financière Pinault depuis 1976. Il règle le différend avec le ministre des Finances, l'irréprochable Laurent Fabius, en payant près de 450 millions d'euros au fisc français.

Dix ans plus tard, des irrégularités comptables émergent lors de la revente de la société Lafa Ranger par François Pinault, ce qui lui coûte en condamnation 220 millions de francs d'indemnités.

Entre 1997 et 2001, la justice californienne enquête sur le montage mis en place pour l'acquisition d'Executive Life Insurance Company, rappelant que la loi américaine interdit plus de 25 % de participation d'une banque dans une compagnie d'assurance, et suspectant François Pinault d'agir en faux-nez pour le Crédit Lyonnais. En 2004, Artémis écope d'une amende de 110 millions de dollars, mais François Pinault en sort blanchi. Et, il y en a d'autres... mais citons celle-ci, qui date de 2020 et qui titrait un peu partout dans la presse nationale et internationale : « Kering condamné à 1,2 milliard d'euros d'amende pour avoir fraudé le fisc italien ». En France, Kering aurait utilisé des montages similaires pour économiser au moins 180 millions d'euros d'impôts en huit ans, via ses filiales Yves Saint Laurent et Balenciaga. De là à dire que notre Breton a gardé une âme de corsaire...

Conclusion d'un auteur breton

Contrairement à ce que titrent les journaux, François Pinault n'est pas le Saint Patron de la Bretagne, malgré ses investissements financiers et humains. C'est un homme respecté, certes, au même titre que nombre de grands entrepreneurs, et la région est habituée aux faits. Les Bretons célèbres, en affaires, en politique, en sport, en art, en littérature, en journalisme ou en sciences sont nombreux. On associe bien trop souvent ces réussites individuelles « au pays ». N'est breton que le résident. J'ai, à titre personnel, comme à titre familial pour mon grand-père, transporteur breton de la région Malouine, croisé François Pinault lors de manifestations footballistiques au stade rennais. J'ai été présenté à un homme simple, aimable et courtois. Mon grand-père le décrivait comme « franc du collier, travailleur et fonceur ». Qualités optimales d'une époque. Mais pour en revenir à la célébrité parisienne devenant bretonne au fil du temps, et qui stigmatise la Bretagne sur les hommes d'affaires ou les navigateurs, je citerai quelques illustres « Bretons », ou considérés comme, à vous de voir : Jean Hénaff, Roger Gicquel, Philippe Gildas, Sylvain Guillemot, Mathurin Méheut, Christophe Miossec, Mylène Jampanoï, Camille Jaouen, Patrick Le Lay, Christian Le Squer, la belle Nolwenn Leroy, Yvan le Bolloc'h, Michel Édouard Leclerc, Yves Rocher, Louis Le Duff, Jean Yves Lafesse, Arthur de la Borderie, Jean Yves Le Drian, Louis Jouvet, Olivier de Kersauzon, Alain Robbe-Grillet, Alan Stivell, Nono, Laury Thilleman, Yann Tiersen, Anatole Le Braz, Jean Guéhenno, Max Jacob, Jacques Demy, Alain Resnais, Patrick Dewaere, Charles Vanel, Denez Prigent, Yann Tiersen, Dominique Lavanant, Théodore Botrel, Pierre Sabbagh, Paul, Féval, Phillipe Chevalier, Louison Bobet, Yoann Gourcuff, Marylise Lebranchu, Malika Ménard, Louise Bourgoin, Laure Sinclair, Julien Guyomard, Hervé Bourges, Isabelle Otéro, Enora Malagré, Béatrice Dalle, Benoist Hamon, Hélène de Fougerolles, Brigitte Fontaine, Aristide Briand, Yves Coppens, Pierre Waldeck-Rousseau, René Laënnec, et j'en passe, ceci uniquement pour le XXe siècle.

L'analyse économique
par Jean-David Haddad

Contexte économique et capitalistique

Kering est un nom moderne d'un groupe français qui sonne bien à l'international. Un nom adopté en 2013, qui ne laisse plus apparaître le nom de la famille qui en est à l'origine, la famille Pinault.

Jusque-là, en effet, le groupe s'appelait Pinault-Printemps-Redoute, ou PPR. Mais avant, c'était tout simplement Établissements Pinault.

L'évolution sémantique de ce groupe en retrace l'histoire.

C'est en effet en 1962, là aussi pendant les Trente Glorieuses, que François Pinault, pur autodidacte, alors âgé de 26 ans, fonde les Établissements Pinault, une entreprise de scierie et de négoce de bois avec un budget de 100 000 francs prêtés par la famille et le Crédit Lyonnais. Cela équivaut à 152 000 euros environ de 2021 selon le déflateur de la Banque de France (un outil en ligne). Une certaine somme mais finalement assez modeste eu égard à l'empire qu'elle a généré en quelques décennies. Ce qui montre le génie de l'homme. Monteriez-vous un empire avec 152 000 euros en poche ? Monterais-je un empire avec 152 000 euros en poche ? Permettez-moi d'en douter...

À partir de cette activité première, donc, François Pinault opère toute une série de placements à forte valeur ajoutée dans le domaine du bois, plus quelques placements judicieux dans le sucre, comme cela a été décrit précédemment, permettant une progression rapide de son entreprise. Il reprend plusieurs entreprises en difficulté dans le domaine du négoce, des menuiseries industrielles, des fabricants d'huisseries, de lambris et de toitures.

Toute cette construction d'un véritable empire le mènera à la Bourse de Paris en 1988, donc 26 ans après la création de son entreprise.

Devenue Pinault SA, l'entreprise profite alors du levier offert par les marchés financiers pour judicieusement croître dans le domaine de la grande distribution. Premier changement de cap, donc.

Ce sont alors en quelques années Conforama, puis le Printemps et La Redoute, puis la Fnac, qui sont achetés. En 1994, la sémantique du groupe traduit cette évolution, puisque le nouveau nom est Pinault-Printemps-Redoute, ou PPR.

Au tournant des années 2000, le groupe se diversifie vers l'informatique, avant de s'engager dans le luxe. Agrégeant les marques Boucheron, Balenciaga, Brioni, Gucci, etc., PPR est alors à la fois le propriétaire de plusieurs marques de luxe et leur distributeur. Mais cela ne dure qu'un temps, puisque, parallèlement à la constitution de ce portefeuille de marques, PPR se désengage de son statut de distributeur.

Le Printemps est vendu en 2006, Conforama en 2010, la FNAC en 2013, La Redoute en 2014. Cette mondialisation du groupe correspond au nouveau changement de patronyme et la transformation en un nom simple et international : Kering.

Parallèlement à cette stratégie de recentrage vers le luxe, menée intelligemment, en douceur, l'action acquiert un autre statut en bourse. En effet, les marges ne sont plus les mêmes. Elles sont bien plus élevées et le prestige de ces nouvelles activités agrégées au groupe fait monter la cote auprès des investisseurs.

La présidence du groupe est passée du père au fils, François-Henri, en 2004, ce dernier étant alors âgé de 42 ans, tandis que François Pinault, aujourd'hui âgé de 86 ans, a laissé le commandement à 68 ans.

Aujourd'hui, François Pinault s'intéresse à l'art contemporain, dans lequel il investit énormément, ainsi qu'au vin. Il a fondé la société Artémis en 1990, qui est à la fois la holding de Kering et qui détient plusieurs participations dans des vignobles comme le Château Latour ainsi que les participations dans la presse. Le magazine *Le Point* en est par exemple une filiale à 100%. François Pinault en est toujours le président.

Cela fait du patriarche l'un des plus importants milliardaires français et, en 2021, la 26e fortune mondiale.

Bourse et finances

Tandis qu'Artémis n'est pas coté en bourse, et détient près de 42% de Kering, c'est en grande partie la valorisation de ce dernier qui fait la fortune de la famille Pinault. Comme indiqué ci-dessus, le virage stratégique qui s'est opéré progressivement à partir des années 2000 mais surtout dans les années 2010 vers le luxe a fait progresser de manière spectaculaire la capitalisation boursière de ce géant français, qui est une des stars du CAC 40.

Aujourd'hui, en 2022, à près de 600€ l'action, le groupe Kering pèse en bourse plus de 70 milliards d'euros.

Pendant la crise financière de 2008, le cours de l'action, alors PPR, est tombé à moins de 30€. C'est donc un titre qui a été multiplié par 20 depuis la crise !

En 2002, le titre se situait autour de 100€. Ainsi, on ne peut pas dire que les années 2000 aient été florissantes pour l'actionnaire de base. Le statut principal était encore en effet celui de grande distribution, qui n'a strictement rien à voir avec un statut de fabricant de marques de luxe. En fait, entre 2002 et 2012, le titre a oscillé entre 30€ et 120€. Ce n'est vraiment qu'à partir de 2013, donc à partir de la naissance de Kering, qu'il s'est littéralement envolé.

L'actionnaire qui sera resté fidèle à la famille Pinault pendant 20 ans aura néanmoins réalisé une très belle plus-value ! Même si c'est sur la deuxième partie de la vie de son placement qu'il aura vu ce dernier s'envoler. Néanmoins, des dividendes ont été distribués régulièrement.

Parcours boursier et rendement

En 20 ans : 1 000€ → 5 800€

Un particulier qui aurait placé 1 000€ sur PPR en 2002 détiendrait aujourd'hui 5 800€, plus des dividendes réguliers qui viennent chaque année rémunérer ce placement.

Le groupe Kering est aujourd'hui un poids lourd du CAC 40. Sa capitalisation le place en effet à la 10e place de l'indice. Tandis que par son chiffre d'affaires, il se situe, avec 17 milliards d'euros, parmi les poids légers. Il est en effet à la 29e place. Cela montre une réelle cote d'amour du groupe, trouvée sur la dernière décennie.

RANG DANS LE CAC 40

Capitalisation boursière : 10e/40
Chiffre d'affaires : 29e/40

Mais le changement de statut n'explique pas tout. La progression des marges est aussi un facteur important, mais tout est lié. Le luxe est plus apprécié que la grande distribution car plus rémunérateur et moins aléatoire, moins sensible aux crises. Ne s'adressant pas aux mêmes cibles de consommateurs.

Le tableau des chiffres sur les 20 dernières années montre clairement l'envolée, non pas du chiffre d'affaires, mais des marges.

ANNÉE	2001	2005	2009	2013	2018	2021
CHIFFRE D'AFFAIRES (en milliards d'euros)	27,1	17,7	16,5	9,7	13,6	17,6
RÉSULTAT NET (en milliards d'euros)	0,75	0,54	0,98	1,22	3,71	3,17

Lorsque l'activité majeure était la grande distribution, le chiffre d'affaires global du groupe était bien plus élevé qu'aujourd'hui, mais les marges bien moindres. La force de ce groupe a vraiment été de muter intelligemment.

Ainsi, les recettes globales ont baissé jusqu'en 2013 et se sont ensuite mises à progresser, car, une fois débarrassé de la distribution, la croissance a pu se faire dans le luxe, par une série d'acquisitions et d'intégrations de marques plus prestigieuses les unes que les autres, faisant aujourd'hui de Kering le challenger de LVMH.

En 2021, le chiffre d'affaires équivaut à celui de 2005, mais le résultat net est 6 fois plus élevé. Et le cours de bourse est 8 à 9 fois plus élevé (il tournait autour de 70€ à cette époque).

L'avis de l'expert

Challenger de LVMH, Kering est forcément moins valorisé. Mais vu que le secteur du luxe n'a pas fini de séduire, dans un monde où les richesses augmentent et où la consommation est reine, il se peut que sur le long terme, la capitalisation de Kering continue de progresser. Kering peut donc s'avérer être encore un placement de très long terme.

ENTREPRISES BONUS

En bonus de ces 10 formidables sagas, nous avons tenu à offrir aux lecteurs deux autres sagas non moins extraordinaires : celles d'Édouard Leclerc et d'Yves Rocher. Deux enseignes qui font tout autant partie de notre quotidien que Bouygues, Michelin ou L'Oréal. La différence avec toutes les précédentes est que la cotation boursière n'a jamais existé pour ces deux monuments du monde entrepreneurial français. Ce ne sont donc pas des histoires de la Bourse de Paris. Mais de la France tout de même ! Qui montrent par ailleurs que le succès est aussi possible en dehors de la Bourse, même si le marché financier est un formidable facilitateur.

Auchan pourrait les compléter, mais à un moment, il fallait faire des choix !

Nous vous laissons donc découvrir ces deux sagas. Sans l'œil du trader, évidemment… Et avec une partie économique et financière allégée, puisque toute la partie boursière est exclue…

La saga Leclerc

Édouard Leclerc, 1926-2012

La belle histoire

par Yoann Laurent-Rouault

La marque Leclerc repose sur quatre idées dont j'emprunte les définitions sans vergogne à des sources communes :

– La grande distribution désigne l'ensemble des opérateurs faisant le commerce de détail de biens de consommation et éventuellement des services associés, à destination des consommateurs finaux, ceci à partir de points de vente disposant d'une grande surface réservée à la vente, ainsi que d'autres zones accessibles aux clients, organisés pour la vente en libre-service. En France, selon la définition de l'INSEE, le secteur économique de la grande distribution est constitué des hypermarchés et des entreprises dites du grand commerce spécialisé.

– L'entrepreneuriat : terme qui dans l'usage courant s'assimile à un chef d'entreprise, tantôt porteur d'un projet d'entreprise en phase de démarrage, tantôt dirigeant d'une entreprise davantage établie, à laquelle le plus souvent il s'identifie étroitement et personnellement.

– L'innovation commerciale : passant par une réforme du système dans laquelle elle s'inscrit et inscrivant sa politique d'entreprise dans une observation constante des besoins des consommateurs.

– Le fondateur : ici, Édouard Leclerc.

Landerneau, Finistère, Bretagne, France, en 1949

Un jeune homme, fils d'une famille de 15 enfants, ancien élève du petit séminaire, novice, conférencier catholique par la suite, renonce à sa prêtrise et, contre toute attente, ouvre une petite épicerie, au numéro 13 de la rue des Capucins à Landerneau, dans le Finistère, avec un petit capital de 5 000 francs anciens. Inscrit au registre du commerce comme « marchand de chocolat en gros et épicerie partielle de troisième classe », il est d'abord revendeur sous contrat pour des marques de biscuits (Labour, Pontivy), mais de façon extrêmement rudimentaire. Le magasin Leclerc de l'époque n'a ni présentoir ni rayonnage au sol. Nous sommes dans ce que l'on nomme populairement un bouiboui plutôt qu'un magasin. Mais notre homme apprend vite son métier et évolue. Et cela restera une constante dans la politique commerciale de l'enseigne.

Précisons le contexte du pays en 1949 : nous sommes sous le gouvernement de Georges Bidault (octobre 1949-février 1950). Le plan Marshall est en route, l'État lance de grands emprunts, le tabac, l'alcool et l'essence sont surtaxés, et de manière générale, les impôts montent en puissance. L'abbé Pierre fonde la première communauté Emmaüs pour aider les oubliés de la reconstruction nationale, comme les réfugiés. Au niveau international, l'évènement de cette année 49, c'est la naissance de l'OTAN. La France tente de retrouver sa place dans le monde, sa population est en pleine mutation, son gouvernement redécouvre les institutions républicaines. La reconstruction est là, mais le pouvoir d'achat des ménages français est loin d'égaler celui qu'ils avaient avant-guerre. D'ailleurs, il n'y a pas que le porte-monnaie des familles qui entre dans l'équation de la consommation ; n'oublions pas que la fin du rationnement n'arrive que le 1er décembre 1949, et que ce n'est qu'à cette date que disparaissent les derniers tickets de rationnement sur le sucre, l'essence et le café. Le gouvernement de la IVe République ne supprimera le haut-commissariat au ravitaillement que quelques semaines plus tard, dans les faits.

Édouard Leclerc invente alors une stratégie de vente efficace : il court-circuite les fournisseurs en supprimant leurs marges. Nous sommes en pleine période d'inflation et le prix de gros affiché est alors 30 % en dessous de celui proposé par les commerçants qui le redistribuent. Vendant moins cher, il vend plus et préfère la quantité à l'unité. Plus le consommateur achète, plus le prix du produit devient avantageux. Et c'est un succès.
Il réinvestit alors l'ensemble de ses bénéfices dans ce qu'il nommera non pas l'épicerie Leclerc, mais le « centre distributeur E. Leclerc ». Il peut ainsi proposer à ses clients une gamme de plus en plus large de produits. Tout repose sur la bonne idée de se fournir directement auprès des producteurs pour faire baisser les prix d'achat pour le consommateur, c'est, de ce fait, l'inventeur du discount avant l'heure. Les magasins Leclerc sont nés.

En 1953, alors que son chiffre d'affaires est estimé selon différentes sources à environ 28 millions de francs, qu'il s'est multiplié par 7 en 4 ans, le local de la rue des Capucins devient trop petit et Édouard Leclerc transfère son entreprise vers un espace plus vaste, correspondant mieux aux besoins de l'entreprise et de sa clientèle. Mais, évidemment, le système Leclerc ne fait pas que des heureux, surtout chez la concurrence ; les réactions sont parfois vives et les fournisseurs du centre distributeur Édouard Leclerc subissent des pressions pour arrêter de nourrir la structure. Seulement, avec son système, Édouard Leclerc répond à un besoin de son temps : la lutte contre l'inflation.
Et les lois votées par l'Assemblée nationale, comme la loi sur le refus de vente et autres, vont dans son sens et le protègent des manœuvres survivalistes de ses concurrents. Évidemment, puisqu'il encaisse de beaux bénéfices, on comprend bien que la démarche n'est pas seulement humaniste. Mais le but d'une entreprise n'étant pas le bénévolat...

La grande distribution, comme nous la connaissons de nos jours, voire depuis sa naissance, est un problème français. D'un côté, elle permet aux consommateurs d'acheter moins cher, donc aux plus modestes de manger mieux et plus, comme de s'équiper mieux et plus et d'accéder à la culture, mais de l'autre, elle ruine les petits commerçants détaillants, impose ses règles aux producteurs, supprime des pans entiers d'activités artisanales, joue le jeu des grandes multinationales et impose avec le temps, nous le constatons de plus en plus, des modes de consommation à ses clients tout comme elle franchise de manière générale le commerce.

Le centre distributeur Leclerc de ces années-là ne vendait pas d'accessoires de mode, pas d'ustensiles de cuisine, pas d'électroménager, pas de voyages, pas de culture, pas d'essence et j'en passe. C'est cette diversification des activités qui nuira à terme à l'image de la grande distribution. Et qui, malgré le fait qu'elle soit unanimement reconnue utile aux ménages, comme au pouvoir d'achat des Français, elle est tout autant décriée à cause de ses appétits voraces, de sa puissance de feu outrancière contre toute concurrence locale et de sa politique salariale. Vaste débat que celui-ci. Où se situerait l'équilibre idéal ? Le contexte de la mondialisation le permettrait-il ? Les crises financières qui secouent ponctuellement le pays en seraient-elles les complices involontaires ?

Le saviez-vous ?

Aujourd'hui, on compte environ 44 000 points de vente alimentaires généralistes en France. Près de 11 000 communes disposent d'au moins un magasin généraliste d'alimentation. D'après l'INSEE, le secteur représente plusieurs centaines de milliers d'emplois : plus de 650 000 en 2020 (contre 126 000 en 2008), selon la Fédération des entreprises du commerce et de la distribution.

La guerre des commerces
et le « mouvement Leclerc »

En 1955, un autre indépendant ouvre un centre distributeur à Saint-Pol-de-Léon en appliquant la formule commerciale Leclerc. L'année suivante, des grossistes des Côtes-d'Armor et d'Ille-et-Vilaine les imitent. On comptera 9 distributeurs indépendants, tous bretons, qui naissent sur le système Leclerc, sans rapport financier immédiat avec ce dernier. Leclerc, lui, ouvre son premier centre distributeur textile en 1955. En août 1957, le « mouvement épicier indépendantiste » compte 9 centres distributeurs. Je cite un article : « *Il n'y a ni contrat, ni lien financier entre Leclerc et ces épiciers d'un genre nouveau : la seule l'obligation pour qui veut utiliser ses principes commerciaux est de grouper ses achats à Landerneau.* » (Source : Wikipédia)

Leclerc ne facture pas ces « franchisés » au-delà du coût réel. Comme il leur retourne la totalité des ristournes accordées par les fabricants et producteurs. Mais, en empruntant ce chemin, il devient centrale d'achat. Et donc, l'incontournable plateforme de cette nouvelle distribution. À partir de 1957, la presse commence à s'intéresser à cette formule de vente, comme de consommation originale, sous l'appellation « expérience Leclerc ». Et Leclerc Landerneau n'a pas la vedette, c'est Rennes qui l'emporte, avec « Argenta », chaîne fonctionnant « sous le procédé Leclerc ». En 1958, cependant, Leclerc ouvre à Grenoble. C'est un pari, car il faut alors de nouveaux fournisseurs et, qui plus est, des fournisseurs jouant le jeu de la suppression des intermédiaires. Et cela fonctionnera tout aussi bien qu'en Bretagne. La course au bas prix intéresse tous les consommateurs, quelle que soit leur région. La conséquence directe, presque sociétale, est que les commerçants classiques déjà implantés n'ont d'autres choix que d'essayer de s'aligner sur le nouveau système. La conséquence immédiate est que tout comme dans les autres villes touchées par le phénomène, l'inflation est cassée net.

Le contexte de l'époque est exceptionnel, et je ne peux m'empêcher de faire le parallèle entre la démarche de Leclerc et de ses adhérents, avec la période sombre de l'Occupation et donc du marché noir. Simplement parce que cette inflation sur les produits alimentaires, alors que la production des années 50 retrouve son cours normal d'avant-guerre, me donnerait à penser que les commerçants de l'après-guerre avaient gardé de méchantes habitudes de la guerre. Comme on le voit dans le téléfilm *Au bon beurre*, réalisé en 1952 par Molinaro d'après l'œuvre de Jean Dutourd. En cela, le système Leclerc de l'époque rééquilibre la balance.

Le saviez-vous ?

Au bon beurre, c'est l'histoire parisienne de 1941 à 1948 d'un couple de crémiers, les Poissonnard, profiteurs de guerre et opportunistes (admirateurs de Pétain pendant l'Occupation, puis de De Gaulle à la libération), qui se servent du marché noir pour s'enrichir indûment. Et qui, dans la France de l'après-guerre, continueront à exploiter les estomacs de leurs contemporains en multipliant les magouilles. Phénomène qui, semble-t-il, était récurrent dans les villes, non dans les campagnes où la population était plus autonome d'un point de vue alimentaire.

Tout cela pour dire que bien des réussites exceptionnelles s'accomplissent aussi grâce au contexte.

Au niveau national, en 1959, le « mouvement » compte seulement 14 membres hors de Bretagne. C'est cette même année que Leclerc implante le premier centre distributeur en région parisienne, Issy-les-Moulineaux : la médiatisation considérable autour de son inauguration confirme le succès de l'entreprise. On ne parle plus désormais de « l'expérience Leclerc », mais bel et bien du « Mouvement E. Leclerc ».

La Bretagne compte 24 membres fin 1959. Je cite Wikipédia : « *Seuls les chefs de centres situés à proximité de Landerneau y groupent leurs achats, les autres prennent en charge seuls leur approvisionnement ou deviennent à leur tour rétrocessionnaires. Édouard Leclerc conseille les nouveaux venus dans leurs démarches et organise l'achat en commun de certains produits. Il recueille aussi leurs doléances, concernant notamment les refus de vente des fournisseurs, et se fait leur porte-parole en transmettant ces plaintes aux autorités compétentes.* »
Leclerc s'impose donc en patron, en garant du système, et progressivement devient naturellement le président d'une fédération. Conscient de son rôle, peut-être aussi servant ses ambitions personnelles, il forcera le système politique à légiférer sur les lois du commerce et de la concurrence, s'en prendra aux régimes fiscaux qui pénalisent les circuits courts de distribution, favorisera des implantations audacieuses comme celle de la Fnac, par exemple, et au début des années 60, il travaillera sur une réforme de la distribution des produits frais. En conséquence, les boucheries Leclerc voient le jour et il s'implique directement dans des crises de productions agricoles, puis il adopte le libre-service dès 1962 dans ses centres. Leclerc totalise 420 centres distributeurs en France à l'année 1964. Sa présidence de l'association des centres distributeurs Leclerc durera 48 ans (de 1955 à 2003) !

Après avoir longtemps défendu les petits espaces de vente, Édouard Leclerc se convertit pourtant aux très grandes surfaces de vente dès 1964. Il ouvre un Super Centre à Landerneau dans un bâtiment de 1 800 m² qui compte 30 employés. En 1969, il ouvre son premier véritable hypermarché à Brest. Il ne transige cependant pas sur l'indépendance des adhérents qui doivent être pleinement propriétaires de leur magasin. Une dissidence au sein de l'association, en partie liée à ce principe, entraînera à la même époque le retrait de plusieurs adhérents qui s'uniront sous la bannière « Intermarché ». Et ce sera là le départ d'une nouvelle ère, pour les consommateurs comme pour les commerçants, une ère qui sera connue sous le nom de « guerre des prix ». Avec en toile de fond l'avènement de l'envahissement publicitaire de l'espace public.

La décennie suivante verra Édouard Leclerc sur tous les fronts, dans les médias, dans les tribunaux comme sur le terrain. Toujours en soutien aux exploitants de son système, toujours en première ligne dans des combats légalistes, toujours avec les mêmes ennemis, de Pierre Poujade au virulent CID-UNATI en passant par la loi Royer de 1973 qui prévoit une règlementation drastique pour l'implantation des grandes surfaces.
Il fait même son entrée sur la scène politique en créant, en 1977, le Mouvement européen économique et social (MEES). Les petits commerçants menaient alors une bataille contre ces futurs rois du commerce et ils n'imaginaient pas la perdre, pensant demeurer un vrai poids dans le système politique et électoral français.
Mais Leclerc n'était plus seul à avancer sur ce terrain, et au fur et à mesure que les enseignes concurrentes ont fleuri sur le territoire, les capitaux engagés sont devenus de plus en plus lourds, et le poids de leur masse salariale de plus en plus important pour les élus locaux comme pour les ministères concernés. De l'agriculture en passant par les finances et les ministères du Commerce et du Travail. Peu de mairies refusent aujourd'hui l'implantation d'un de ces géants commerciaux sur leurs terrains. Certaines favorisent même leurs implantations du mieux qu'elles le peuvent, pariant toujours sur l'avenir et le développement dont sont capables ces majors français. Comme peu de ces grands capitaines de commerces et d'industries n'ont pas de relation privilégiée avec les pouvoirs élyséens successifs, tous bords confondus.

Les Trente Glorieuses sont mortes et enterrées depuis 1975, avec le petit commerce, et ce n'est pas durant les Trente Piteuses qui ont suivi, qui elles-mêmes annonçaient les Trente Honteuses dans lesquelles le pays barbote actuellement, que la vapeur risque de s'inverser. Qui connaît aujourd'hui, dans la génération des moins de trente ans, des gens comme Pierre Poujade, Georges Marchais ou Henri Krasucki ? Le monde, comme le commerce, et oserais-je écrire que le commerce fait le monde, est entré dans une course au profit et à la consommation dépassant tout ce que cette génération de pionniers avait pu imaginer.
Le système leur a échappé.
Et d'ailleurs, par le biais d'Internet et le modèle de fonctionnement des géants américains, leurs héritiers entrent à leur tour dans une phase de déclin.

Leclerc, dans notre paysage, aujourd'hui

Cette enseigne est devenue multiculturelle. Elle fait partie, a fait partie ou fera partie de la vie de millions de consommateurs, en France plus particulièrement, mais aussi à l'international. Qui n'a pas le souvenir d'avoir fait ses courses chez Leclerc ? Du sketch qui consiste à prendre les produits dans le rayon, à mettre les produits pris dans le rayon dans le caddie, à sortir les produits du caddie arrivé en caisse pour les poser sur le tapis roulant, à payer en souriant à la jeune et jolie caissière robotisée qui vous ignore complètement, comme elle ignore vos blagues à 20 % de réduction, à remettre les produits dans le caddie, et, une fois arrivé à la voiture, à sortir à nouveau les produits du caddie pour les mettre dans le coffre de la voiture, à ranger le caddie et une fois garé devant le domicile, à sortir les produits du coffre de la voiture pour les mettre dans les placards de votre appartement au sixième sans ascenseur. Merci Édouard... Nombres d'humoristes se sont emparés de l'histoire contemporaine du supermarché. Nombre de chansons populaires aussi (Elmer Food Beat, par exemple, avec *La caissière de chez Leclerc*), nombre de scènes de films (*Les Valseuses* ou *L'animal*) et parfois même des films (*Les tribulations d'une caissière, Cashback*) ont pour cadre la grande distribution. La marque Leclerc a même engendré des proverbes populaires comme : «Ta mère, elle achète son slip chez Leclerc!» Bref, le Leclerc du coin, pour beaucoup, c'est une machine à vivre.

De son Manège à bijoux pour les demoiselles élégantes et pour les messieurs pressés de conclure, en passant par son bazar estival où les touristes se régalent entre deux marées avec les accessoires pour la pêche à pied, par son rayon bricolage où les papys se promènent à la recherche d'une poignée de boulons au diamètre farfelu, pendant que mamie s'occupe du rayon pâtisserie et de ses macarons, de son rayon livre ou musique, où papa et enfants squattent pendant que maman remplit le chariot de leurs marques de bières ou de céréales préférées, sans oublier ses cosmétiques, de ses promotions sur les boîtes de cassoulets par lot de dix à ses produits «Marque Repère» vantant les produits régionaux et une qualité comme un savoir-faire à nul autre pareil (sur le papier), Leclerc fait partie de la vie de millions de consommateurs et il a même ce particularisme, dans le choix possible des grandes enseignes pour les consommateurs, d'avoir ses aficionados, ses inconditionnels, ses convaincus de la première heure. Demandez donc à ma mère...

Il est vrai qu'une enseigne comme Leclerc a démocratisé la culture et paradoxalement favorisé ce que certains nomment «l'invasion anglo-saxonne». Leclerc fut parmi les premiers à proposer les VHS et plus tard les DVD à la vente, souvent à prix cassés, idem pour les cassettes audio et plus tard les CD. À tendance «jeunes». Le livre et la bande dessinée également. Le supermarché Leclerc répond à toute la famille. À tous les goûts ou presque. Il vous propose même des véhicules de tous types et des vacances, et pourquoi pas, à terme, votre sépulture...

Bref, Leclerc, Mesdames Messieurs, c'est la réponse de proximité à vos demandes, et n'oubliez notre grand jeu concours où une voiture est à gagner.

La diversification Leclerc : une vision d'avenir

Le Manège à bijoux (1986), E. Leclerc Voyages (1987), la parapharmacie et l'auto E. Leclerc (1988). L'année 1991 marque l'arrivée des textiles Tissaia. Puis arrive la « Marque Repère », gage de bas prix. Suivis de la douchette wifi et du concept drive. Et en 2018, Leclerc se lance dans la fourniture d'énergie avec l'électricité verte. C'est dès les années 1970 qu'Édouard Leclerc cherche systématiquement à briser les monopoles commerciaux qu'il nomme « corporatisme ». Il s'attaque alors aux marchés des carburants, des livres, de produits pharmaceutiques, des parfums, de l'or, des voyages, etc. Ses actions sont couronnées de succès dans le cas des carburants : l'application de rabais supérieurs à ceux autorisés dans les stations-service d'autres marques exploitantes entraînera pourtant un nombre important d'actions en justice. En 1985, après 467 procès, la Cour de justice des communautés européennes tranche et donne raison à Leclerc contre l'État français, détenteur du monopole pour l'essentiel. En revanche, il échoue à obtenir un prix libre pour les livres, mais s'impose néanmoins, avec son concept d'espace culturel Leclerc, comme l'un des premiers libraires français. Aujourd'hui sévèrement concurrencé par le géant américain Amazon. Pour ce qui est des pharmacies, là non plus, l'enseigne ne parvient pas à ses fins.

L'analyse économique

par Jean-David Haddad

Édouard Leclerc s'est lancé avec 5 000 francs de 1949,
soit l'équivalent de 16 300 euros de 2021.
Comme pour Pinault, je vous pose la question : que feriez-
vous, que ferais-je avec 16 300 euros ? Probablement pas
ce qu'a fait Édouard Leclerc !

L'histoire de l'homme puis celle du concept a été initiée,
ici encore, durant les Trente Glorieuses. Une période décidément propice ! Où le monde moderne était à construire.

Mais contrairement à toutes les autres sagas décrites
dans ce livre, celle de la famille Leclerc, troisième entreprise préférée des Français, n'est pas une aventure
capitalistique, mais entrepreneuriale au sens le plus
noble du terme. Politique, même. Sans mandat électif.
Le combat citoyen pour lutter contre l'inflation tout
d'abord, puis la lutte contre les monopoles. Qui est en soi
un combat teinté d'idéologie libérale.

Depuis 1986, Leclerc s'est en effet lancé dans une grande
campagne de communication pour dénoncer les monopoles de certains secteurs comme la pharmacopée,
l'automobile ou la motoculture de plaisance. Comme Leclerc s'engage aussi dans les mêmes années dans une
diversification de ses activités dans des secteurs variés :
les jardineries, le bricolage, les fournitures agricoles...
En 1989, on compte 187 hypermarchés sur le territoire
français, soit presque le double d'implantation en
10 ans. Et les supermarchés continuent à fleurir. Dans
les années 1990, Leclerc s'implante à l'étranger, c'est un
échec aux États-Unis, mais pour la Pologne, l'Italie, le
Portugal ou encore l'Espagne, cela fonctionne.

Enfin, en 1997, Leclerc se convertit aux marques de distributeur et commercialise ses premiers produits « maisons ». Ce qui, pour nombre d'observateurs, va se généraliser de plus en plus dans la grande distribution. Et certainement changer la donne. Une chose est certaine : la saga Leclerc n'est pas terminée.

Michel-Édouard Leclerc, qui a pris la relève de son père, fait évidemment partie des riches. Comme il le dit lui-même : « *Je fais partie des riches, je paie l'impôt sur la fortune.* » L'homme est très discret sur sa fortune, et cette dernière, difficile à chiffrer, se situe loin, très loin derrière celle des autres patrons évoqués dans ce livre. Dizaines ou centaines de millions d'euros, peu importe, la famille Leclerc est très largement distanciée par la famille Mulliez, dont le patriarche Gérard, fondateur d'Auchan, pourtant arrivé sur le marché après Édouard Leclerc, et conseillé par ce dernier, pèse aujourd'hui 26 milliards d'euros selon le dernier classement établi par *Challenges* en 2020. Pourtant, l'enseigne Auchan, selon Kantar (publication de décembre 2020), représente 9,8 % de part de marché en France dans la grande distribution, alors que Leclerc représente 23,3 % !

Les fortunes de messieurs Leclerc et Mulliez devraient en principe se situer dans les mêmes ordres de grandeur. D'autant plus que le biais boursier n'existe ni pour l'un ni pour l'autre. Gérard Mulliez, lui aussi fervent catholique, s'est toujours méfié de l'usure, des banques, de la finance de marché… Et l'empire Auchan n'est donc pas coté en bourse. Mais tout vient d'être dit : c'est un empire. Juridiquement constitué sous forme de sociétés. Tandis qu'Édouard Leclerc n'a pas fondé un empire, mais un système. Son engagement, comme je l'ai indiqué plus haut, était presque plus politique qu'entrepreneurial avec son « combat citoyen », qui, comme cela a été indiqué plus haut, a contribué à juguler l'inflation au niveau national à une certaine période !

Ce n'est pas rien... Aussi, comme Michel-Édouard Leclerc le précise : « *Je ne suis pas actionnaire des centres Leclerc. Avant, j'étais salarié, et aujourd'hui, je gagne de l'argent en faisant financer des prestations.* » Contrairement au modèle développé par Auchan, ou Walmart aux États-Unis, ou encore Carrefour, la famille Leclerc représente une enseigne, mais ne possède pas les centres commerciaux : ni les murs, ni les fonds de commerce.

Le système Leclerc est articulé autour d'une coopérative où chacun des quelque 510 membres possède son magasin.

Certains de ces commerçants ont ainsi construit localement de véritables fortunes, voire même de petits empires, cumulant une fortune dépassant celle de la famille Leclerc.

Parmi les plus connus, citons Pascal Payraudeau, qui a expérimenté avec succès puis lancé le drive en France, et règne sur plusieurs milliers de mètres carrés de centres Leclerc dans le Sud-Ouest de la France. Il a par ailleurs parrainé plusieurs nouveaux adhérents.

Tous ces petits empires locaux pèsent forcément, via les taxes foncières, sur la vie locale. Elles sont des forces vives du monde économique avec lesquelles les politiques locaux doivent composer.

On constate que la notion de parrainage semble importante pour entrer dans le système, pour investir dans son propre centre Leclerc. Mais une certaine confidentialité règne sur le sujet.

Néanmoins, vu les prix de l'immobilier commercial aujourd'hui, il semble très difficile de pouvoir se lancer dans l'aventure sans avoir un solide patrimoine, et un solide réseau.

Au final, E. Leclerc est une coopérative de commerçants représentant un véritable pouvoir économique et symbolique au niveau national.

C'est une enseigne de grande distribution, mais nullement une société et encore moins une société cotée en bourse.

Bien que ce soit une enseigne particulièrement appréciée des ménages français, ces derniers ne peuvent et ne pourront en être actionnaires... Sauf si, un jour, l'un des gros commerçants détenant son centre commercial avait l'audace d'aller se faire coter en bourse !

La saga
Yves Rocher

Yves Rocher, 1930-2009, homme politique
et fondateur du groupe Yves Rocher

La belle histoire

par Yoann Laurent-Rouault

Printemps. La Redoute. Les 3 Suisses. Vertbaudet. Avon. Manu France. La Vitrine Magique. Pierre Ricaud. Yves Rocher…

Qui ne connaît pas ces noms ? Qui n'a pas, bien rangé sur une étagère, un souvenir lié à ces entreprises, à ces reines de la vente par correspondance, à ces divas des achats solitaires des ménagères françaises, à ces fournisseurs officiels d'images coquines sur catalogue pour adolescents obnubilés par le soyeux mystère féminin ? Entreprises dont certaines ont vu leurs entités absorbées par de puissants groupes commerciaux ou financiers, aujourd'hui. Et qui demeurent pourtant présentes dans les esprits, comme « la marque », « la correspondance heureuse et consommatrice » des familles. Elles ont connu un âge d'or, où le facteur de village était l'acteur essentiel de la transaction, et sa voiture jaune, le carrosse des Cendrillon du bon de commande. Qui ne se souvient pas de la grand-mère, de la mère, de la tante ou encore de la jolie cousine qui guettaient le passage du postier depuis la fenêtre de la cuisine, dans une attente gourmande ? Qui ne se souvient pas de ce colis énigmatique qui restait dans l'entrée ou sur la table basse du salon, surveillé et protégé des autochtones de la maison, et qu'elles ouvraient plus tard, après le repas, dans une mystérieuse solitude toute féminine ? Des pieds aux cheveux, tout était commandable dans les gammes de soins et d'accessoires correspondants. Sans parler de cet indispensable moule à gâteau en forme de fleur, de cet incroyable épluche-banane à vapeur, de ce formidable séchoir à ongles élaboré façon cabine de peinture de carrosserie automobile, de cet incroyable mixeur à trois étages au design à la *Star Wars* ou de cette pierre miraculeuse montée sur pendentif, venant de la face sud de l'Annapurna et procurant guérison et bien-être !

Alors que le colis de l'oncle, de papa ou du grand-père, lui, atterrissait directement sur l'établi du garage et était ouvert dans la foulée et dans le désordre, et que l'outil indispensable et prometteur qu'il contenait était exhibé avec une fierté toute masculine à la jeune engeance, qui en retour écarquillait les yeux tout grands. Cet outil, c'était la promesse d'une luge fabriquée pour l'hiver, d'une voiture à pédales ou d'un vélo réparé, et la fin des souffrances pour les gonds rouillés du portail qui grinçait comme le patient d'un dentiste. Bref, on a tous en nous une petite page de catalogue de vente par correspondance qui nous trotte dans la tête. Aussi, intéressons-nous à l'une de ces marques de vente par correspondance, devenues sédentaires, puis groupes commerciaux, voyons un peu l'histoire d'un heureux entrepreneur, qui a grandi entre rivière et forêt, je parle bien évidemment, et vous l'aurez deviné j'espère, d'Yves Rocher.

Yves Rocher

Yves Rocher est né le 7 avril 1930 dans le petit village de La Gacilly, dans le bas Morbihan. Dans un pays frontalier de l'Ille-et-Vilaine, à moins de 70 kilomètres de la capitale administrative de Bretagne, à savoir la ville de Rennes. Redon n'est qu'à quelques kilomètres de sa maison, c'est la sous-préfecture du département voisin. Vannes, la préfecture du Morbihan, est à moins de 60 kilomètres. La Loire-Atlantique est aussi à portée de route et la capitale bretonne historique, la belle ville de Nantes, est à 80 kilomètres. Toutes ces précisions pour vous indiquer que notre homme avait le choix de l'orientation et donc de la destination. Il était au carrefour. Certaines de ces routes mènent à la mer, d'autres à la fonction publique, et d'autres aux champs. Et pourtant...

La Gacilly est aujourd'hui connue pour trois raisons principales : le tourisme, l'artisanat d'art et, bien évidemment, son entrepreneur en titre, Yves Rocher, l'inventeur du concept original « du soin et de la beauté par les plantes ». La Gacilly est un joli petit village traversé par une rivière, l'Aff, qui sait se montrer capricieuse, mais qui est belle comme une promesse. Le village est haut perché, ses ruelles sinueuses d'autrefois regorgent de trésors historiques et de boutiques d'art. C'est un village prisé par les artistes, un peu comme le très médiatique Rochefort en terre dans le même département, récemment honoré par le titre suggestif et télévisuel du « plus beau village de France ». Il y a aussi, pour qui sait flairer de sa truffe humide et avertie, un petit parfum du Mont-Saint-Michel, qui baguenaude dans les rues de la Gacilly.

La Maison de La Gacilly est le lieu qui caractérise l'entreprise Yves Rocher. C'est historique et c'est un patrimoine régional. Il y naît et grandit. Il passe son enfance aux côtés de son père Joseph, chapelier teinturier de métier, dont il partage l'amour de la nature. Il faut dire que les alentours du village se prêtent aisément à cette passion, jusque dans le pays « des trois rivières ». Les berges sont particulièrement riches, et, phénomène lié au halage et aux marchandises des péniches, des tas d'espèces de plantes, dont certaines sont tropicales, poussent et fleurissent sur les rivages, encore aujourd'hui. C'est une promenade intérieure en bateau que je vous recommande. Ces plantes sont les fruits, si l'on peut dire, des graines et pollens échappés des caisses et des sacs de marchandises provenant d'un peu partout dans le monde et déchargées des bateaux sur les quais de Nantes, de Saint-Malo la belle ou encore de Brest ou de Lorient. La Bretagne étant riche de rivières et de fleuves comme de canaux, jusqu'à la moitié du XXe siècle, le transport fluvial était assez intense.

Dans la famille Rocher, on se transmet un herbier, riche et complexe, qui fascine le jeune homme. Et puisque le supermarché n'existe pas, Édouard Leclerc n'en est encore qu'au séminaire, que la grande ville (Rennes) soit malgré tout relativement éloignée, comme Nantes ou Vannes, on se sert des plantes depuis longtemps pour soigner comme pour entretenir le corps. Ce que nous appelons tendrement et parfois ironiquement des « recettes de grand-mère » seront la base des travaux de ce visionnaire. Il entrera au lycée Saint-Sauveur de Redon, à l'époque et pour longtemps une institution de référence en éducation, pour la classe moyenne bretonne, mais il sera contraint de quitter l'école en cours d'année en raison de problèmes de santé. Et c'est tant mieux, car casser de la glace le matin dans le dortoir des bons pères, pour qui est fragile des bronches, ça n'aide pas à réaliser un destin d'entrepreneur. Le jeune Yves se passionne alors un peu plus pour le monde végétal, avec son parrain, Joseph-Pierre Ricaud, médecin de profession, qui lui fait découvrir les vertus médicinales de la flore bretonne. Vous avez bien dit Ricaud ? Joseph-Pierre Ricaud ?
Car attention, on est, dans les familles, soit client de Rocher, soit client de Ricaud, mais pas des deux ! Comme l'oncle est Citroën et le père est Renault ! Quoi qu'il en soit, pour notre herboriste en herbe, la tisane est sur le feu.

À la mort de son père, alors qu'il n'a que 14 ans, il aide sa mère à la boutique. Un commerce familial d'articles textiles. On raconte, dans les bistrots comme au siège social du Groupe Rocher, que c'est à cet âge, tout comme Paul Ricard, qu'il fera la rencontre décisive. Une guérisseuse, comme chaque village en avait une, une femme mystérieuse et intrigante, sentant le feu de cheminée et les champignons, camouflée sous un grand châle, comme dans les contes de fées à la Disney, lui aurait alors distillé son enseignement, sans doute voyant dans le jeune Yves et son intérêt pour les plantes une relève potentielle à ses activités indispensables à la commune. Le savoir ne se transmet que de bouche à oreille de druide, et la recette de la potion magique, uniquement quand il y a des Romains qui patrouillent autour du village. C'est connu ! Quoi qu'il en soit, cette guérisseuse lui aurait donné la recette d'une pommade hémostatique à base de ficaire. Qu'est-ce que la ficaire ? Et que veut dire « hémostatique » ? Parce que de là à inventer le concept de la beauté par les plantes, il y a quand même un pas.

La ficaire est une fausse renoncule, une plante herbacée vivace de la famille des renonculacées. C'est une espèce très commune en Europe, en Asie de l'Ouest, en Afrique du Nord et en Amérique du Nord où elle a été introduite au XIXe siècle. La plante est considérée comme invasive et est reconnue toxique pour le bétail. Aussi, certains États en interdisent la culture. Ses vertus médicinales sont avant tout anti-inflammatoires et antioxydantes. Elle contient aussi des hétérosides aux propriétés vasoconstrictrices, ce qui lui confère des vertus antihémorroïdales, d'où son nom « d'herbe aux hémorroïdes ».

Hémostatique désigne un agent mécanique ou chimique utilisé pour l'arrêt d'une hémorragie, d'un écoulement du sang hors des vaisseaux. Bref, rien de très glamour dans cette préparation H et nous sommes encore loin de la beauté par les plantes !

Le saviez-vous ?

La ficaire. En phytothérapie, certains ouvrages orientés dans ce domaine proposent la confection d'une pommade à partir de cette plante médicinale. Elle est récoltée en décembre, laissée à sécher quelques jours, pressée très fortement pour en récupérer la sève, et mélangée dans une à deux cuillères à café de saindoux fondu, la préparation étant prête à l'usage une fois solidifiée. Riche en vitamine C, la ficaire aurait été utilisée par les bûcherons, d'où son surnom d'« épinard des bûcherons », et par les marins en prévention contre le scorbut en la mélangeant à leur sel.

La connaissance des plantes et de leurs vertus est essentielle dans ces campagnes un peu perdues et coupées du monde. La médecine n'était pas aussi présente que la littérature ou le cinéma voudraient aujourd'hui nous le laisser croire. Les femmes accouchaient encore à domicile, avec une sage-femme qui allait de village en village et le docteur était bien souvent mal considéré par la population ou tout simplement trop cher. Aussi, cette connaissance qu'avaient les anciens des plantes était précieuse. Il y avait en premier lieu ce que l'on pouvait manger ou pas, ensuite ce qui guérissait et enfin ce qui apportait le confort du corps. La nature était hostile, on soignait la piqûre ou la morsure comme on le pouvait, l'irritation, l'empoisonnement ou encore la fièvre, également. Ces recettes, ces tisanes infernales que j'ai pu boire enfant, ces huiles de ceci ou de cela, ces onguents aux odeurs démoniaques, les brûlures des cataplasmes à la moutarde, les ventouses (des verres à cidre retournés sur la peau du dos avec des cotons flambés à l'intérieur), toute cette « médecine » était un véritable patrimoine. Les fleurs pour les beignets, les champignons pour les farces ou les poêlées, les herbes pour les tisanes et les shampoings... La nature était beaucoup plus généreuse pour ces anciennes générations que pour la nôtre. Simplement parce que nous avons cru avoir inventé l'eau chaude et que nous avons préféré le bruit et la fureur des villes au calme des chaumières et la chimie à dame Nature.

Du grenier de la maison de La Gacilly
aux premiers magasins

La fondation de son entreprise de produits cosmétiques date officiellement de 1959. La destination première reste la même, mais s'ajoute au « médical », les produits de beauté et de soins par les plantes. Yves Rocher saisit avant l'heure l'engouement renouvelé du public pour la nature et ses bienfaits régénérateurs. Il argumente aussi sur le fait que ses produits sont sains et sans risques par rapport à ceux fabriqués par les grandes industries du genre. Car il ne faudra pas attendre longtemps pour que nombre de produits du secteur fournissant les linéaires des grandes chaînes de distribution soient remis en question quant à leur salubrité. Il est inutile de dresser ici la liste des composants nocifs pour l'homme et son environnement qui ont été utilisés pendant plus de trois décennies pour leur fabrication par des entreprises peu scrupuleuses, ou, pire, ignorantes. Ce n'est pas le propos. Mais vous avouerez qu'il y a de quoi se sentir frustré de ne pouvoir le faire. Avant que l'heure ne soit à l'écologie et que ses enjeux ne deviennent vitaux pour la planète, avant que les modes « écolo-bobo-bio » ne colonisent le marché, avant même la création du label biologique, Yves Rocher multiplie les produits dérivés sous l'enseigne de dame Nature. Et il s'y retrouve : les savons, parfums, lotions et autres crèmes ou shampoings ne nécessitent pas autant de contrôles et de permissions des autorités concernées que les produits ayant une dénomination « pharmacienne ». Ils coûtent moins cher à la fabrication et rapportent plus. Et, cerise sur le gâteau, ils répondent à un grand principe d'Yves Rocher, amoureux et défenseur du territoire breton : ils sont pour la plupart, en production comme en transformation, du fait de sa région et de ses habitants. Très tôt, il privilégie l'agriculture biologique et une démarche écocitoyenne. Alors que les journaux n'en parlaient pas, pas davantage que le gouvernement, ni que la conscience populaire ne s'en préoccupait. Les années 60 sont le renouveau de l'ère gaullienne et de sa prospérité. Le début du cycle de grande consommation, qui nous a conduits où vous savez. C'est l'époque du Concorde, de la bombe A, des premiers projets de sous-marins nucléaires, du projet de train à grande vitesse, de la voiture par millions d'unités et des autoroutes à péage. La décolonisation bat son plein et c'est l'heure de la compensation des pertes financières liées à la quasi-gratuité disparue des matières premières coloniales, par une industrialisation forcenée (cf. la saga Michelin). Son choix, en outre, est de maintenir des prix raisonnables, pour faciliter l'accès à tous « au bien-être et à la beauté par les plantes » et de continuer à vendre ses produits hors pharmacie, tant que faire se peut. D'un point de vue juridique, les contraintes sont moindres. D'un point de vue tarifaire également. Par comparaison, aujourd'hui, le groupe Leclerc avec ses pharmacies est encore en pleine bataille juridique sur le sujet. On aurait pourtant pu croire que l'État qui avait le monopole sur le carburant serait plus difficile à convaincre pour les pompes à essence Leclerc que pour la pharmacie Leclerc. Mais non.

Yves Rocher, comme tant d'autres entrepreneurs, comme Paul Ricard avec l'interdiction à la vente des boissons anisées, par exemple, a dû lui aussi serrer les dents et faire preuve d'inventivité face à la technocratie de base. La société française de l'époque de ses premières inaugurations de boutiques ne cesse de croître. Pourtant, la campagne se désertifie, les anciens rejoignent les hospices et les maisons médicalisées, ils ne vieillissent plus que rarement en famille. Quant aux familles, elles se séparent, quittent leur terroir, et en cela, au nom de la modernité et de la fameuse mobilité, les recettes de grand-mère comme les recettes naturelles foutent le camp dans le no man's land urbain ou alors se perdent dans un exotisme sans cesse renouvelé de produits « miracles » et venus d'ailleurs. Pour ne pas dire télévisuels. À la fin des années 60, il ouvre donc son premier magasin propre à son nom, puis il développe différentes marques dans la foulée, pour mieux personnaliser les produits, en réutilisant pour les dénommer des patronymes familiaux comme « Jouvance » ou « Ricaud ».

Ce qui fonctionne très bien, car encore une fois, le consommateur se retrouve dans une marque et non dans l'autre. Pourtant, c'est la même maison ! En cela, nous rejoignons une fois de plus le marketing à la Ricard. En 1982, Yves Rocher fonde aux Fougerets, toujours dans le Morbihan, la société Françoise Saget, nommée après l'un de ses ancêtres, comme à son habitude, qui vend des produits textiles comme du linge de maison par Internet et par catalogue. La société fera partie du groupe Yves Rocher jusqu'en 2006, où elle sera cédée au groupe Activa Capital, par son petit-fils, Bris Rocher.

Un homme engagé

Breton de naissance et breton toujours, Yves Rocher, malgré sa réussite que nous continuerons à détailler au chapitre suivant, est un homme engagé pour sa région et la population de sa région. Loin de la vie parisienne, c'est un homme politiquement et socialement engagé. Qui n'hésitera d'ailleurs pas à se battre avec une grande enseigne bancaire au début des années 80, qu'il accusera de fraude et de corruptions. Parallèlement à ses activités professionnelles donc, il s'intéresse à la vie locale de sa région. Il devient le maire de La Gacilly en 1962, et le reste jusqu'en 2008 sous l'étiquette divers droite. Il est également élu conseiller général du Morbihan pour le canton de La Gacilly, de 1982 à 2001, puis conseiller régional de 1992 à 1998. Quand je vous disais que les carrefours de Bretagne n'ont rien à envier à ceux de Rome...

« Un jour, La Gacilly sera connue et prospère. »
Yves Rocher

La Gacilly, ainsi que les villages alentour, bénéficient de l'activité économique créée par sa société comme des infrastructures mises en place sous son impulsion, avec notamment un jardin botanique comprenant une « collection unique d'armoises et de sauges », un végétarium remarquable et le lancement d'un festival photographique, très prisé. Homme de l'art, Yves Rocher soutiendra tout au long de son parcours de nombreux projets et sera un mécène actif. La fondation Yves Rocher, créée en 1991 sous l'impulsion de son fils Jacques Rocher, est placée sous l'égide de l'Institut de France en 2001. Le but de cette fondation est la protection de la nature. Toujours en 2001, cette fondation crée le prix « Terre de Femmes », qui récompense les femmes engagées dans la protection de l'environnement.

Cette fondation encourage diverses actions, dont la plantation d'arbres. Plusieurs dizaines de projets de plantations ont vu le jour dans une trentaine de pays différents. Par exemple, en Éthiopie, la fondation, aidée de ses donateurs, a planté plus de 17 millions d'arbres. Le bilan qui était attendu pour la fin d'année 2015 était de près de 50 millions d'arbres plantés à travers le monde. Et de doubler le chiffre tous les 5 ans.

La nature et la biodiversité sont une passion de la famille Rocher, qui se transmet de père en fils. D'ailleurs, Yves Rocher publiera deux livres que je recommande : *Cent plantes – 1000 usages*, chez Hachette en 1976, et l'année suivante, *Mieux vivre par les plantes*, toujours chez Hachette. Cette fondation soutient également l'organisation du Festival photo annuel Peuples & Natures à La Gacilly. Événement s'il en est.

Préoccupé très tôt par l'exode rural, il s'oblige à créer de l'emploi localement et un courant touristique fort, digne des colères saisonnières des trois rivières. Bref, de l'avis de tous, Yves Rocher était ce que l'on appelle à l'apéritif comme à la mairie : un bon maire. Je suis souvent allé à La Gacilly, tant pour mes activités artistiques que pour le plaisir d'une randonnée, du lèche-vitrine, de mon estomac et de la rencontre d'artisans. Je crois qu'en bon touriste malouin, j'ai fait toutes les tavernes du village et des alentours. Et jamais je n'ai entendu dire le moindre mal sur le bonhomme. J'ai d'ailleurs souvent vu une petite photographie de lui accrochée aux murs, une coupure de presse encadrée, ou un clin d'œil à l'enseigne. Il a marqué positivement les gens. Là-bas, on le décrit comme un homme qui aimait se promener seul dans les rues de son village, qui encourageait les entreprises individuelles et qui était curieux aussi bien du travail du ferronnier d'art que de la couturière, du vitrailliste ou du petit concurrent qui fabriquait ses savons bio parfumés. Le mot « discret » est souvent celui qui revient quand les villageois qui l'ont côtoyé l'évoquent. Le mot « respectueux » est aussi l'autre terme usité, et son « déterminisme » semble en avoir inspiré d'autres. Et bien au-delà de la commune. Cette petite cité bretonne de caractère porte bien sa pancarte en fer forgé. Citons cet article du quotidien *Ouest-France*, du mois de décembre 2009, qui explique que sur place, « *directement ou indirectement, tout le monde travaille pour Yves Rocher* ». La population du village a doublé en moins d'un demi-siècle. Et, c'est vrai, le village renvoie aux visiteurs l'image d'une cité vivante et prospère. Je note aussi ceci : « *D'un commun accord, ses partenaires comme ses rivaux politiques s'accordaient à dire que développer La Gacilly, il n'y a que ça qui comptait pour lui.* »

Ce qui n'empêchera pas ses adversaires politiques de lui reprocher son cumul des fonctions publiques et privées, étant élu et dans le même temps principal acteur économique du territoire qu'il représentait. Mais de l'avis de la majorité de ses administrés, il n'œuvrait que pour le bien commun. Il a été décrit comme un précurseur, et salué par plusieurs organismes et médias, en raison de son intérêt autre que commercial pour la nature et à cause de ses positions écologiques dès la création de la société. Il s'est attaché, même au plus fort de sa réussite entrepreneuriale, à garder une activité de culture des plantes, avec 55 hectares de champs biologiques appartenant au groupe, à La Gacilly. Notons aussi qu'Yves Rocher avait anticipé son passage de témoin, bien avant sa mort. Il avait déclaré : «*Aucun bouleversement n'est prévu, rien ne va bouger.*» Il s'est employé à conserver le caractère indépendant et familial du groupe, et a préparé son petit-fils à la transmission de la présidence. Ses trois enfants travaillent au sein du groupe Rocher. Yves Rocher confie la présidence de la société à son fils aîné Didier en 1992, pour s'occuper du développement économique régional avec l'association «*Agir pour l'emploi dans le Morbihan*». Association reconnue très positivement en Bretagne. Daniel, son autre fils, crée la marque Daniel Jouvance avec le succès que l'on connaît, et son dernier fils, Jacques, suit les questions environnementales et développe la fondation à vocation environnementale «*Yves Rocher*». Mais Yves Rocher doit revenir à la tête de son groupe à la suite de la mort accidentelle de son fils Didier, en 1994. Son petit-fils, Bris, est nommé directeur général du groupe en 2006, et hérite donc de la présidence de l'entreprise familiale à la mort de son fondateur en 2009. Yves Rocher décède le 26 décembre à l'hôpital Lariboisière de Paris, d'un accident vasculaire cérébral. Ses obsèques religieuses auront lieu à La Gacilly le 30 décembre 2009 en présence d'environ 3 000 personnes. Il est inhumé très simplement dans le petit cimetière du village.

Le groupe Rocher aujourd'hui, avant son analyse économique

En 2020, le groupe, compte 17 000 salariés, et Bris Rocher reçoit le prix EY de l'entreprise familiale. Le Groupe Rocher, c'est aussi les marques Petit Bateau, Stanhome, Dr Pierre Ricaud, Daniel Jouvance, Kiotis, ID Parfums, Flormar, Sabon et le géant américain Arbonne International, racheté en 2018, dans la vente en direct de cosmétiques.

Mais, puisqu'on parle de saga familiale depuis le début, je me permets de citer ces paroles de Bris Rocher :

« Quand j'ai intégré le groupe à 16 ans, à la mort de mon père (Didier Rocher), la famille n'avait que 30 % du capital. » Son premier objectif a donc été de reconquérir la totalité du capital. Il mettra près de 14 ans pour y arriver, le combat durera jusqu'en 2012. Durant ces années de haute voltige, l'autre objectif a été, je cite l'intéressé, *« de conjuguer la performance économique et le bien commun »* et de *« réinscrire les marques dans l'air du temps »*. Il dit encore : *« J'ai eu la chance d'intégrer un groupe avec des valeurs fortes auxquelles j'adhère. »* Il ajoute : *« Précurseur à l'époque, mon grand-père avait déjà imaginé un groupe totalement basé sur la nature, en modèle intégré depuis le botaniste producteur jusqu'aux récoltant et fabricant de cosmétiques. »* Bris Rocher cite ensuite son grand-père : *« Il avait tendance à dire : je crois en mon amour de la nature, en un certain esprit d'entreprise, et à la ténacité bretonne. »* Ces valeurs n'ont pas bougé. Il conclut : *« Elles sont notre raison d'être, et ce sont par elles que nous avons réinscrit nos marques dans l'air du temps. Gage aussi de performance économique. »*

Le saviez-vous ?

L'entreprise obtient en 2017 le prix national de prévention des TMS (Troubles musculosquelettiques) pour ses actions de prévention.

L'analyse économique

par Jean-David Haddad

Comme dans le cas d'E. Leclerc, mon propos ici va être bref et concis, le groupe Rocher n'étant pas coté en bourse et n'ayant pas l'intention de l'être.

Comme de nombreuses entreprises vues dans cet ouvrage, Yves Rocher, qui a commencé son aventure entrepreneuriale en 1959, a donc profité du contexte des Trente Glorieuses, et on peut lui reconnaître le talent d'avoir été précurseur de ce qui allait devenir, un demi-siècle plus tard, un véritable phénomène de société, à savoir la santé par les plantes et les produits naturels. C'est un groupe qui n'a jamais cherché à prendre l'ampleur de L'Oréal, par exemple, mais qui réalise tout de même pas loin de 3 milliards de chiffre d'affaires à travers le monde. Le groupe a particulièrement bien intégré sa chaîne de valeur, avec la recherche, la fabrication, la production et la commercialisation, les produits Yves Rocher se trouvant essentiellement dans les boutiques Yves Rocher (où l'on ne trouve que des produits et des soins Yves Rocher), et non en grande surface, par exemple.

Cela crée une forme d'exclusivité, une fidélisation des clients. Un fonctionnement en circuit fermé. Forcément coûteux. Mais rentable... malgré un trou d'air en 2020 où la crise sanitaire, avec les fermetures des boutiques, a plombé les finances du groupe. Cela n'était jamais arrivé à cette entreprise.

Aujourd'hui, le groupe Rocher est international, comprenant plus de 4 000 boutiques dans le monde (dont 800 en France). Il compte 18 000 collaborateurs (ce qui en soi est beaucoup par rapport à L'Oréal, 11 fois plus important en termes de chiffre d'affaires et comptant 85 000 collaborateurs, soit 4,7 fois plus). Yves Rocher réalise un quart de son chiffre d'affaires en France, et a bien sûr réalisé au fil du temps de la croissance externe, achetant des marques comme Petit Bateau, Dr Pierre Ricaud, Daniel Jouvance…

C'est une société qui est toujours restée extrêmement familiale. Le PDG est aujourd'hui Bris Rocher, le petit-fils d'Yves Rocher.

Évidemment, bien que non coté en bourse, l'empire Yves Rocher n'est pas monolithique, comme le serait une PME. Il est articulé autour de plusieurs divisions, avec une holding de participations, mais nous n'entrerons pas dans les détails, qui, là encore, sont plus difficiles à trouver quand une société est non cotée, car elle n'est pas astreinte à autant d'obligations de publications qu'une société cotée.

Bien que la famille ait toujours voulu garder un contrôle quasi-total sur le capital, il y eut une époque où Sanofi avait pris une participation importante du capital du groupe. En 1973, c'est à la demande d'Yves Rocher, qui avait sympathisé avec Jean-François Dehecq, patron de Sanofi, que le laboratoire était entré dans son capital. Yves Rocher avait gardé le management de son groupe, avec 54,25 % des droits de vote et seulement 33,8 % du capital. Mais, comme on peut le lire dans *Les Échos* du 18 janvier 2002, « *un accord écrit stipulait que Sanofi devait informer son partenaire de toute modification dans son capital. C'est cet accord qui n'a pas été respecté lorsque, en 1998, Sanofi et Synthélabo décident de fusionner et que le nouvel ensemble devient, de facto, l'actionnaire de référence du groupe breton* ». Au terme d'une longue procédure juridique, la justice a donné raison au groupe breton, qui a pu récupérer la part de Sanofi en décembre 2001 (soit 42%), pour un montant de 316 millions d'euros. Cela valorisait Yves Rocher à 750 millions. Le chiffre d'affaires de l'époque était d'un peu moins de 2 milliards d'euros. Si le groupe était coté en bourse aujourd'hui, on peut présumer qu'il vaudrait 1,5 à 2 milliards... Mais il n'est pas près de l'être... Nous sommes ici dans le cadre d'une entreprise de dimension internationale, aux multiples ramifications, mais qui reste gérée, capitalistiquement du moins, comme une grosse PME.

Cela aussi, ça se respecte !

Annexe

Les entreprises préférées des Français

D'après le baromètre Posternak-Ifop réalisé en novembre 2021, les 30 entreprises préférées des Français sont les suivantes. En gras dans le texte apparaissent celles que nous avons étudiées dans ce livre.

1.	**Michelin**	16.	Macif
2.	Peugeot	17.	Crédit Agricole
3.	**Leclerc**	18.	Orange
4.	**Yves Rocher**	19.	Banque Populaire
5.	Citroën	20.	Caisse d'Épargne
6.	Intermarché	21.	ENGIE
7.	Danone	22.	La Poste
8.	Carrefour	23.	Société Générale
9.	Auchan	24.	BNP Paribas
10.	EDF	25.	**Bouygues Telecom**
11.	**L'Oréal**	26.	**Free**
12.	Airbus	27.	TotalEnergies
13.	Renault	28.	LCL
14.	Air France	29.	SNCF
15.	Crédit Mutuel	30.	SFR

Introduction 21

La saga Accor 27
   La belle histoire...31
   L'analyse économique...46

La saga Bernard Arnault 51
   La belle histoire...55
   L'analyse économique...69

La saga Bolloré 75
   La belle histoire...79
   L'analyse économique...92

La saga Bouygues 97
   La belle histoire.. 101
   L'analyse économique.. 113

La saga Jean-Claude Decaux 119
   La belle histoire.. 123
   L'analyse économique.. 139

La saga « Iliad » 143
   La belle histoire.. 147
   L'analyse économique.. 157

La saga de l'entreprise Michelin 161
   La belle histoire.. 165
   L'analyse économique.. 179

La saga L'Oréal 185
   La belle histoire.. 189
   L'analyse économique.. 203

La saga Pernod-Ricard 209
   La belle histoire.. 213
   L'analyse économique.. 227

La saga François Pinault **233**

    La belle histoire 237

    L'analyse économique 250

ENTREPRISES BONUS **255**

La saga Leclerc **257**

    La belle histoire 261

    L'analyse économique 272

La saga Yves Rocher **277**

    La belle histoire 281

    L'analyse économique 294

Annexe.. **297**

Dans la même collection

3 siècles de pensée économique

Histoire comparative et illustrée

de Nicolas Piluso

Découvrez les autres collections de JDH Éditions

Magnitudes

Drôles de pages

Uppercut

Nouvelles pages

Versus

Les Collectifs de JDH Éditions

Case Blanche

Hippocrate & Co

My Feel Good

F-Files

Black Files

Quadrato

Baraka

Sporting Club

Tierra Latina

Les Pros de l'Immo

Toque et Plume

Suivez **JDH Éditions** sur les réseaux sociaux pour en savoir plus sur les auteurs, les nouveautés, les projets…

Découvrez notre boutique en ligne sur
www.jdheditions.fr